新媒体视域下
文化产业的发展与创新研究

陶　朋◎著

中国原子能出版社
China Atomic Energy Press

图书在版编目（CIP）数据

新媒体视域下文化产业的发展与创新研究 / 陶朋著
. -- 北京 : 中国原子能出版社 , 2022.12
ISBN 978-7-5221-2437-7

Ⅰ.①新… Ⅱ.①陶… Ⅲ.①文化产业－产业发展－
研究－中国 Ⅳ.① G124

中国版本图书馆 CIP 数据核字 (2022) 第 228539 号

新媒体视域下文化产业的发展与创新研究

出版发行	中国原子能出版社（北京市海淀区阜成路 43 号 100048）
责任编辑	潘玉玲
责任印制	赵　明
印　　刷	北京天恒嘉业印刷有限公司
经　　销	全国新华书店
开　　本	787mm×1092mm　1/16
印　　张	8.875
字　　数	201 千字
版　　次	2022 年 12 月第 1 版　2022 年 12 月第 1 次印刷
书　　号	ISBN 978-7-5221-2437-7　　　定　价　76.00 元

前　言

文化产业是文化的具体形态，也可以说是一个国家和民族文化形态的具体载体。随着社会的不断发展，文化产业正以全新的方式改变和影响着中国社会的发展，也正努力成为中国经济重要的增长极。基于此，本书从宏观角度对当代文化产业发生发展的理论基础、历史背景、思想源流、产业构成、重点领域和未来趋势进行扫描、分析与透视，让读者能够全面了解和掌握文化产业的相关知识。

我国文化产业由于总体起步晚，市场发育度低，没有健全的文化产业人才的培养、流动和奖励机制等。所以本书在研究文化三大产业结构发展演变的规律与趋势的基础上，分析了大竞争时代的文化博弈、产业基地建设和市场条件下的文化艺术保护，希望给我国文化产业的健康发展提供理论基础。

在新一轮科技革命背景下，互联网＋、大数据、人工智能、中国制造 2025 等新技术，推动文化产业新业态不断涌现，文化与科技融合成为文化产业发展的根本推动力。另一方面，随着我国居民消费需求不断释放，新时代我国社会主要矛盾的转化，需求将成为我国文化产业发展的根本拉动力。在这两个重要动力的双重作用下，我国文化产业出现了很多新的发展态势。

目　录

第一章　文化产业综述

第一节　文化与文化产业

一、文化

什么是文化？文化的内涵和外延是什么？它的特征是什么？如何分类？业界和学术界对此颇为关注而又众说纷纭，无从定论。

在我国，"文化"之论由来已久。在《周易》中就有"观乎人文，以化成天下"的卦辞。所谓"文化"可能就是由其中的"人文化成"简化而来，泛指人类区别于动物的一切活动及其成果。时至西汉，便有了"文化"一词最早在现存文稿中出现，刘向在《说苑·指武》中说："圣人之治天下也，先文德而后武力。凡武之兴，为不服也；文化不改，然后加诛。"其后，"文化"一词便频繁见诸于典籍文献中。如晋代有"文化内辑，武功外悠"（束皙《补亡诗·由仪》，转引自《昭明文选》卷十九），南朝有"设神理以景俗，敷文化以柔远"（王融《曲水诗序》）等。但我国古籍中"文化"被理解为统治者的施政方法而与"武力""武功"相对立，成为"文治"与"教化"的总称，主要包括思想观念和礼乐制度建设及对人的教育感化，与今天关于"文化"一词的意义略有不同。

据统计，在外国有关文化的较为权威的定义达200多种。英国学者威廉斯曾说过，"文化"一词是英语语言中最复杂的两三个词之一。在美国文化学专家克罗伯和克拉克洪所著的《文化：一个概念定义的考评》一书中，就收集了166条"文化"的定义（162条为英文定义）。这些定义分别由世界上著名的人类学家、社会学家、心理分析学家、哲学家、化学家、生物学家、经济学家、地理学家和政治学家所界定。他们从各自的学科角度来研究和界定，做出了各种不同的表述。

其实，如果要成立一门"文化定义学"，也不算夸张。在国外研究中，通常把有关"文化"的100多种定义分为七大类，每一大类各举一例如下。

1. 描述性的定义

如文化或文明是一个复杂的整体，它包括知识、信仰、艺术、法律、伦理道德、风俗和作为社会成员的人通过学习而获得的任何其他能力和习惯。（泰勒，1871年）

2. 历史性的定义

如一个群体的文化是指这一群体所生活的社会遗传结构的总和，而这些社会遗传结构又因这一群体人特定的历史生活和种族特点而获得其社会意义。（帕克和伯吉斯，1921年）

3. 行为规范性的定义

某个社会或部落所遵循的生活方式被称作文化，它包括所有标准化的社会传统行为。部落文化是该部落的人所遵循的共同信仰和传统行为的总和。（威斯勒，1929年）

4. 心理性的定义

如文化是指某一特定时期的人们为试图达到他们的目的而使用的技术、机械、智力和精神才能的总和。文化包括人类为达到个人或社会目的所采用的方法手段。（斯莫尔，1905年）

5. 结构性的定义

如文化是一个反应行为的相互关联和相互依赖的习惯模式系统。（威利，1929年）

6. 遗传性的定义

如我们所说的文化是指人类生产或创造的，而后传给其他人，特别是传给下一代人的每一件物品、习惯、观念、制度、思维模式和行为模式。（亨廷顿，1945年）

7. 不完整性的定义

如文化可以定义为一个社会所做、所思的事情。（萨皮尔，1921年）

目前，学术界较为统一地认为，文化一词有广义和狭义之分。广义的文化指人类创造的物质财富和精神财富的总和，特指精神财富。它包括了无形的语言、习俗、礼仪、信仰、道德、宗教、艺术趣味等精神财富，也包括了有形的物质文化资源和物质创造物。广义的文化内涵既体现在人们的活动成果和活动方式中，也体现在人们的精神生产、观念形态和思维方式中，也就是说，文化渗透在人类社会的一切方面。

狭义的文化指以社会意识形态为主要内容的观念体系，是由政治思想、道德、艺术、宗教、哲学等意识形态所构成的领域。在某种语境条件下，文化又专指教育、科学、艺术、卫生、体育等方面的知识和设施，以与世界观、政治思想、道德等社会意识形态相区别。它既包括科学、哲学、文学、艺术、风俗、习惯等精神文化，也包括与特定社会历史阶段相适应的经济体制、政治制度、法律体系、家庭结构、社团模式等制度文化。

从林林总总的文化定义中，不难发现，人们关于文化的认识存在一定的共性。所谓文化的特征就是指文化的共性特征。一般认为，文化具有以下共性特征。

第一，历史地理性，或称时空性。文化总是伴随着人类社会的产生、发展、延续而运动，文化必然带有历史的烙印。文化发展的内外因的相互作用促成了文化的历史性。而且，不同的人群在各自不同的区域内按照各自不同的方式来创造自己的文化。他们的语言、风俗、习惯、思维方式等各不相同，这就孕育了不同的文化，也就形成了文化的地理性。一方面，自然条件、生产方式和社会制度，对文化的发展提供外在的推动力。文化的内部诸要素（各种心理、知识等）之间的矛盾运动，作为直接的动因推动着文化的发展。因此，文化的发展经历了创新、吸收、扬弃的过程，从而使文化具有鲜明的时代特征和历史性特征。另一方面，文化的地理性使文化内涵变得丰富多彩，同时也为各区域文化的发展提供了借鉴和动因。从而有了中华区域文化系统、印度区域文化系统、阿拉伯区域文化系统、希腊区域文化系统的划分。

第二，劳动价值性。文化，也是劳动的产物，同其他劳动产品一样，无差别的劳动凝聚在文化里，就是文化的价值。虽然不是所有的文化都能转换成商品，但它们却提供了一种特殊的价值，不能吃，不能用，但可以欣赏，可以得到精神的愉悦。而且，随着劳动生产力的进步和社会分工的发展，有了阶级的划分，使得一部分人从事产品制造，一部分人从事艺术创作，一部分人从事其他服务等。从而人类的劳动使得文化内涵更加丰富，表现形式更加多样。而后，人们为了生存和发展，在不同行业、不同部门之间根据需要相互交换劳动产品，从而使得文化以适当的方式进入到市场体系中。其中一部分仍然是公益性的，最大特征就是无偿性，主要任务就是满足公众的文化需求。无论以什么样的形式投入，譬如博物馆、图书馆，或者是大型公益性、纪念性的文艺晚会和文艺演出，都不以营利为目的，其投入都是没有经济回报的。当然，还有一部分文化作为商品被赋予了市场功能，随着市场的供求关系而不断进行自我调节资源配置。

第三，社会功用性。在一个健全的市场经济社会中，经济、政治、文化三个领域既互相贯通，又各有特点、活动规律、价值取向和社会功能。文化的主导价值在于提升人的精神境界，使人不仅在物质文明而且在精神文明方面都得到全面的发展。人类精神活动及其成果的价值，往往难以按照一般商品"等价交换"的原则加以计量和确定。精神产品的创造不能用一般的市场和金钱来配置，它需要特殊的思维能力、特殊的文化艺术才能、特殊的高峰情感体验和灵感以及长期的生活和文化艺术的积累。因此，文化具有不同于政治和经济领域的独特性，能够发挥它们两个领域难以替代的社会作用和功能。

文化是在一定地域和时代，随着共同语言的形成、共同风俗习惯的流行、共同心理素质的同化而逐渐丰富发展起来的。而这反过来又成为联系人们的牢固纽带，使具有相同或相近文化的人类群体具有共同的认同感和归属感，也使之有较多的沟通和交往。而不同文化的人们总是需要逐步交往，才能了解和接受。文化以其深厚的内涵和强大的亲和力吸引凝聚着在特定文化背景下生活着的人们。在当今的信息时代，广播、网络、通讯导致人类生活的空间相对缩小到所谓的"地球村"，文化对于人类社会发展的影响更加深远。

二、文化产业

近年来，随着社会生产力的迅速发展以及人民生活水平的大幅提升，文化产业也获得了越来越广泛的关注。文化产业究竟是什么？它有着怎样的内涵与外延？它的产业分类是怎样进行的？

"文化产业"这一术语产生于20世纪初期，最早出现在霍克海默和阿多诺合著的《启蒙辩证法》一书中，它是一种特殊的文化及经济形态，联合国教科文组织给予的定义如下：文化产业就是按照工业标准，生产、再生产、贮存以及分配文化产品和服务的一系列活动。具体而言，文化产业的主要活动为生产或提供精神产品，主要目标为满足人民的文化精神需求，重点领域在于对文化本身的创作和销售，包括对文学艺术作品、音乐作品、摄影作品、舞蹈作品、工业设计作品与建筑设计作品的创作与销售等。

就实践层面而言，基本上所有与"文化"相关的以及冠以"文化"二字的产业或部门，都可以被视为文化产业的一部分。从这个意义上来讲，文化产业是一个繁复庞杂、无所不包的巨大体系。从理论层面来看，文化产业与文化密不可分。众所周知，"文化"是一个多内涵、多层次的概念。广义的文化是指人类创造的一切物质产品和精神产品的总和。《美国传统词典》的相关阐述是："人类群体或民族世代相传的行为模式、艺术、宗教信仰、群体组织和其他一切人类生产活动、思维活动的本质特征的综合。"狭义的文化则指语言、文学、艺术及一切意识形态在内的精神产品。与文化类似，文化产业也是一个极为宽泛而又相当模糊的概念。党的十六大在全面部署建设小康社会和宏伟蓝图时，从理论与实践的结合上系统地提出了文化产业的概念，它既是对马克思主义文化理论的丰富和发展，也是我们发展文化产业的科学指南。党的十六大报告在《文化建设和文化体制改革》这一章节针对发展文化产业的问题进行了专门阐释，指出："发展文化产业是市场经济条件下繁荣社会主义文化，满足人民、群众精神文化需求的重要途径……应当完善文化产业政策，支持文化产业发展，增强我国文化产业的整体实力和竞争力。"

总而言之，文化产业是从事精神文化产品生产、流通，提供以文化为内涵的各种服务与经营的活动或部门的综合，特征是以产业文化为手段来发展文化事业，以文化为资源来进行生产，向社会提供文化产品和服务，目的是满足人民群众日益增长的精神文化生活需要。

另外，准确理解文化产业的内涵，还要理清文化产业与文化事业以及信息产业的关系。文化产业与文化事业是文化建设过程中相互交叉而又相对独立的两种形态，在运作方式层面有很大差异：文化事业是一种社会公益事业，是向社会提供公共产品和公共文化服务的非盈利活动，尽管活动过程中会有一定的经济收益如门票收入等，但这些收入远不能达到其从事文化活动和艺术生产所付出的成本，其运作资金主要来源于政府拨款，主体行为是一项非盈利活动。文化产业是活动主体用产业方式进行运作、以赢利为目的的经济活动，如娱乐业、电影电视业、出版业、音像业等都是文化产业的重要组成部分。简单来说，文化事业是靠政府扶持、社会赞助，为公众提供公共文化服务；文化产业则面向市场，依法经营，自我提升，是社会发展到一定阶段文化与经济逐步融合的产物。两者的目的都是满足人民群众日益增长的精神文化需要。

随着高新技术的发展，信息产业与文化产业达到了全面互渗的境界，成为互为表里的现代社会的支柱产业。数字技术的崛起为与信息有关的一切产业提供了统一平台，大众传媒（新闻、出版、广播、电影、电视、音像等）、通信（电话与无线通信），以及信息业（计算机与网络）也因此相互融合和渗透，为共同的"用户"提供服务。不过，两者的内涵界限仍是分明的。信息产业特指以电子计算机、电子通信及网络技术为载体的新兴产业。利用现代高新技术进行信息传播的领域，如证券业、银行业、计算机网络业、电子通信业等均不属于文化产业的范畴。

因为文化也是"人化"，它会随着人类社会的发展而发展，变化而变化。小区域传播到大区域，个性特征演化成文化共性。单就显文化而论，当其规模和水平发展到一定阶段后，会因其个性特质而产生裂变，从而形成不同的文化行业，如图书报刊、广播电视、娱乐演出等。这就需要由政府、社会组织、团体或企业来进行统筹经营和规范管理，以便更好地发挥文化的社会职能，于是，便形成了特定社会形态下的文化事业和文化产业。

文化事业与文化产业的区分，也是由文化的双重属性，即精神性和经济性所决定的。其中由政府直接管理的那些面向社会大众服务的、不以营利为目的的公益性文化部分，属于文化事业，归属文化行政部门来管理，主要包括学术研究、文学艺术、博物馆、图书馆、公益性群众体育和非营利性大众娱乐休闲文化等；那些面向市场由企业（公司）管理的具有营利性质的文化事业，则属于文化产业，如报业、出版业、演出业、影视业、娱乐业、广告业、网络业、旅游业、会展业、咨询业、策划业、文化经纪业等。

通常，文化产业的定义有"学院派"与"应用派"之分。学院派的理论工作者主要关注观念形态的"理论—意识形态文化产业"研究；应用派则从社会经济实践中关注文化产业的生产与流通、经营与管理、传播与消费等问题。也有人主张把文化产业纳入整个社会生产和消费的循环链条上来界定，也有人提出文化产业其实就是"创意产业"或"内容产业"。比如美国主要以"版权产业"来作为文化产业的总体理念，英国、澳大利亚等国主要推出的是"创意产业"概念，日本、韩国等更重视的是"内容产业"。

当今较权威的关于文化产业的界定有以下几种。

第一，联合国教科文组织对文化产业的界定。联合国教科文组织在蒙特利尔会议上把文化产业定义为文化产业就是按照工业标准，生产、再生产、贮存以及分配文化产品和服务的一系列活动。这里值得注意的是"按照工业标准"。文化的产品和文化的服务向来就有，是按照小农经济的方法去进行还是按照工业标准的方法去生产，这就是一个分野。联合国教科文组织认为，小规模的、零散的，没有按照生产、流通、销售、消费这样一个循环去生产文化产品就不属于文化产业，只有按照工业标准进行生产、再生产、贮存以及分配才是文化产业。也就是要批量地、有规模地、连绵不断地去生产。

第二，国际经济学界对文化产业的界定。经济与文化研究的前沿人物施罗斯比在其所著的《经济学与文化》一书中首先定义了文化的商品与服务，再以此为核心而界定了若干层次的文化产业。他指出文化产业是以创造性思想为核心的向外延伸与扩大，是以"创造"为核心并与其他各种投入相结合而组成的各类文化产品的经济集合。

第三，中国政协与文化部所组成的文化产业联合调查组对文化产业的界定。文化产业联合调查组于 2001 年对我国 9 个城市进行实地考察，在总结各市实践经验的基础上，对文化产业作了如下的界定："文化产业是指从事文化产品生产和提供文化服务的经营性行业。文化产业是文化建设的重要组成部分，文化产业和公益事业两者共同构成了文化建设的内容。调查组初步认为文化产业主要包括文化艺术、文化出版、广播影视、文化旅游四个领域，具体行业的划分尚待进一步研究。"

第四，《文化蓝皮书 2001—2002 年：中国文化产业发展报告》对文化产业的界定。文化是一个含义广阔的大概念，文化产业只是文化中的一部分，是文化中可以采用市场运作的一部分。就所提供产品的性质而言，文化产业可以被理解为向消费者提供精神产品或服务的行业；就其经济过程的性质而言，文化产业可以被定义为按照工业标准生产、再生产、贮存以及分配文化产品和服务的一系列活动。文化产业的发展，主要是在市场文化这个层面，而且文化产业是有一定的范围的。文化产业与文化事业都是大文化范畴内的具体概念，但是两者之间有很大的差别。文化事业是指国家或地区文化发展的主流，以非营利资金（如政府投资及社会基金、社会捐赠）支持为主，而文化产业则以市场导向为发展指针的私人资本运作为特点。

另外，还有众多有关文化产业的界定。或从文化产业的存在及其过程，或从文化产业与文化事业的关系，或从文化与产业的关系等不同角度来界定文化产业，指出了文化产业的不同层次和侧面。这些界定都有一定的道理。

综上所述，文化产业的概念包括以下几个条件。①产品必须是为了满足或主要满足人们的精神性消费而生产的，它还应该包括相关的物质载体。②生产、消费等环节可以纳入市场经济运行过程，并且获得补偿成本之后的最低限度以上的经济效益。③必须在经济效益优先的前提下，保证产品的社会效益得到满足，否则就不能进行产业化。前两个条件是文化产业成立的必要条件，第三个条件是文化产业成立的充分条件。有这三个条件，笔者认为，文化产业是指以直接或间接地满足消费者精神性需求和服务于社会意识为目的，依托于文化资源，从市场导向出发，采用价格机制、竞争机制等进行生产、分配和消费，并能同时实现经济效益和社会效益的新型产业。

文化产业与一般物质生产产业不完全一样，有其自身的特点和特殊性。

1. 文化产业的行业特殊性

一般的生产部门作为生产物质产品的行业只具有产业属性。是以低投入高产出获取利润最大化为目标的，而文化产业既具有产业属性，同时又具有强烈的政治属性和意识形态属性。一方面，它不是单纯的生产部门，而是中国共产党领导下的社会主义事业的重要组成部分，是社会主义精神文明建设的重要领域、重要阵地和重要载体，是宣传战线的一个重要工作部门，必须始终坚持正确的舆论导向，坚持"社会效益第一"的原则；另一方面，其产业属性又决定了它必须遵循市场经济规律，采用现代企业的管理方式，从经营中获得经济收入。

2. 文化产业的组织特殊性

随着经济全球化的发展，文化产业的组织也日益呈现出一些全新的特征，具体体现在：一是现代文化产业组织已经建立在"数字化"技术的基础之上，可以实现无成本复制和传播，个性化与互动式服务，多媒体界面，虚拟现实，生活性的渗入等。二是现代文化产业组织具有"规模经济"特征。大型国际化文化传媒巨头，在文化产品的制作上实行大投入，并且通过国际化的销售网络，实现高产出高利润。三是现代文化组织具有"范围经济"特征。大型国际化文化传媒巨头实行跨行业多方面经营的组合，以便实现范围经济利润。四是现代文化产业组织具有"网络经济"特征。大型国际化文化传媒巨头借助于网络经济和现代资本市场的金融杠杆，以此来实现低成本的扩张与快速的整合以及对传统文化产业的全面改造。

3. 文化产业的产品特殊性

文化产品具有双重属性和双重效益。文化产品的双重属性，是指其商品属性和意识形态属性。物质生产部门生产的产品是物质产品，满足消费者的物质需要，而文化产业部门生产的是精神文化产品，满足消费者的精神需要。消费者通过精神消费来满足自己求知、求美、求乐的需要，从而使劳动力在更高层次上再生产出来，这就是精神产品特殊的使用价值。精神产品和物质产品一样都要遵循价值规律，通过市场来实现自身的价值，同时它又具有不同于物质产品的特殊性。物质产品只要市场需要就可以生产，而精神产品的生产则受政治、思想、道德等方面的制约，且涉及科技、文化、知识和世界观、人生观、价值观等方方面面，所以不但要具有科学性、知识性，更要具有正确的方向、健康的内容。而文化产品的双重效益，即经济效益与社会效益，根植于其双重属性。文化产品的商品属性使它要面对市场就不能不讲求经济效益。作为中国特色的社会主义文化生产和经营又必须重视精神价值的导向，应当在创造最佳的经济效益的同时创造最高的社会效益，力求实现二者的统一。在社会主义市场经济条件下，要坚持用辩证统一的观点来理解和处理社会效益和经济效益的关系。要注意处理整体和个体、事业和产业间的关系，社会效益是实现经济效益的前提，经济效益是实现社会效益的保障。

"文化生产力"是马克思主义理论体系中的一个重要概念，是与文化产业密切相关的概念。马克思曾经在《资本论》手稿中指出，人类生产劳动的社会分工首先是人的体力劳动和脑力劳动的分工。这种分工造就了物质生产领域和精神生产领域的分离，于是社会生产分化为物质生产和精神生产。在物质生产中创造物质产品的能力，形成了物质生产力；在精神生产中创造精神产品的能力，形成了精神生产力，也就是文化生产力。文化生产力是文化产业中生产文化产品和提供文化服务的能力。

党的十六届四中全会通过的《中共中央关于加强党的执政能力建设的决定》，提出要解放和发展文化生产力，这对于当前推进文化产业发展具有重要指导意义。

第一，解放和发展文化生产力是建设社会主义先进文化的需要。建设社会主义先进文化，一方面需要坚持马克思主义在意识形态领域的指导地位，加强党的思想政治工作；另一方面，又需要通过解放和发展文化生产力，生产大量的健康向上、无愧于时代的精神文化产品，营造有利于人民群众特别是青少年健康成长的思想文化环境，把社会主义思想道德教育融入丰富多彩、生动活泼的文化活动之中。

第二，解放和发展文化生产力是满足人民群众日益增长的精神文化需求的需要。随着人民群众收入和生活水平的提高，恩格尔系数不断下降，人们的消费结构也随之发生变化，对精神文化多层次、多样化的需求正在快速增长，出现了文化产品的供需矛盾。要解决这个矛盾，就必须大力解放和发展文化生产力。

第三，解放和发展文化生产力是促进人的全面发展的需要。人的素质大体包括思想道德素质、科学文化素质和健康素质三个方面。这三方面素质的提高，都有赖于文化生产力的发展。文化产品和文化服务，既能满足人的精神文化生活需求，给人们带来身心的愉悦和科学文化素质的提高，又能促使人们形成正确的世界观、人生观、价值观和良好的道德修养，从而实现人的全面发展。

第四，解放和发展文化生产力是促进经济增长的需要。文化产业是极具发展潜力的朝阳产业，是新的经济增长点。同其他产业相比，发展文化产业所凭借的文化资源能在使用过程中不断积累和增加价值。文化产业还具有低能耗、无污染等特点，发展文化产业已经成为转变经济增长方式的重要选择。目前，文化产业在我国国民经济中的比重虽在逐步提高，但总体上还是偏低，与发达国家相比仍有很大的差距，必须大力加以发展。

第五，解放和发展文化生产力是增强国家综合国力、适应国际竞争的需要。综合国力是一个主权国家所拥有的包括物质力量和精神文化力量在内的全部实力及国际影响。经济全球化趋势的加速发展，使文化在综合国力的竞争中处于更加突出的地位。

和文化产业发展与经济增长密切相关的有以下几对概念：文化发展与经济发展、文化与产业、文化事业与文化产业。

文化发展与经济发展。从一般意义上看，经济发展水平在一定程度上决定着文化发展水平，文化发展对经济发展有着巨大的反作用，同时，文化发展又具有相对独立性。经济发展水平比较高的地区，文化发展水平也比较高；经济发展水平低的地方，文化发展水平往往也比较落后。另一方面，文化的发展对经济发展有着巨大的反作用。必须在大力发展经济的同时，处理好文化发展与经济发展的关系，努力避免重视经济发展而忽视文化发展，最后经济和文化的发展都受到影响的情况出现。文化发展已经广泛地被经济学家用来作为衡量一个国家经济增长的质量的标志之一。

文化与产业。文化产业，是一个合成词，既可以是指文化中的文化产业，也可以是指产业中的文化产业。随着人类文明的进步，任何商品都凝结着一定的文化内涵、文化附加值和文化特色，并且随着经济的发展，社会消费对商品中文化含量的需求越来越高。这是文化力量对市场经济作用的表现，但并不说明文化都可成为产业，或者说文化就是产业。但是，那些能够作为商品或有偿服务的文化产品或文化服务是可以成为产业的。可见，文化产业是一个交叉概念，既可以是产业的一部分，也可以是文化中的一部分，是文化中可以采用产业方式运作的部分。由于市场的作用不同，文化产业的范围并不是很严格。

文化事业和文化产业。新中国成立后，文化业或者文化服务业基本上被当作文化事业来对待，没有产业的观念。现在，中央做出加速文化产业发展的决策，首先需要在理论上和实践上对文化产业与文化事业加以分析。文化事业与文化产业的区别如下。第一，目的不同。两者都追求社会效益与经济效益，但文化事业侧重寻求社会效益；文化产业以满足市场需要为主，侧重于追求经济效益。第二，资本来源不同。文化事业由国家财政提供经费维持其生产与服务活动；文化产业的资本可在不同社会经济成分中获取。第三，机构性质不同。文化事业机构以行政方式进行管理；文化产业机构是以企业方式进行运作。第四，调控方式不同。对文化事业，国家可以采取行政命令的方式直接调控；对文化产业，一般以间接调控为主，如法律法规、税收政策、价格杠杆等。

对文化发展与经济增长的研究真正有所突破的是文化产业理论的提出。一方面，文化产业发展本身作为产业对经济增长会做出直接贡献，除此以外，文化产业的发展还会对整个经济产生正向的溢出效应，使整个经济的生产效率有所提高。在一定条件下，这种效应还可以使知识总量的边际效应提高，从而弥补劳动力增加边际效应递减的影响。另一方面，经济增长到了一定的程度，人们获得了基本的生存条件和物质生活条件后，广泛地产生了教育、休闲、娱乐、健身、艺术、旅游等方面的文化需求，社会经济因此产生了相应的文化供给。这既是文化发展的走向，也是经济发展的走向，是文化的产业化和经济的深层次发展。

随着社会生产力的发展，经济增长与文化产业发展是一个互动的连锁反应过程，现代经济文化一体化趋势明显，这就是经济增长与文化产业发展的内在逻辑。

三、文化产业的范围

文化产业的范围是随着国家管理体制改革和社会主义市场经济发展而不断变化的。2004 年，国家统计局与中宣部及国务院有关部门共同研究并制定了《文化及相关产业分类》，从国家有关政策方针和课题组的研究宗旨出发，并结合我国的实际情况，将文化及相关产业概念界定为为社会公众提供文化、娱乐产品和服务的活动，以及与这些活动有关联的活动的集合。同时，该文件把文化产业的范围限定为如下内容。

（1）为社会公众提供实物形态文化产品和娱乐产品的活动，如书籍、报纸的制作、出版、发行等。

（2）为社会公众提供可参与和选择的文化服务和娱乐服务，如广播电视服务、电影服务、文艺表演服务等。

（3）提供文化管理和研究等服务，如文物和文化遗产保护、图书馆服务、文化社会团体活动等。

（4）提供文化、娱乐产品所必需的设备、材料的生产和销售活动，如印刷设备、文具等生产经营活动。

（5）提供文化、娱乐服务所必需的设备、用品的生产和销售活动，如广播电视设备、电影设备等生产经营活动。

（6）与文化、娱乐相关的其他活动，如工艺美术、设计等活动。

其中提供文化产品（如图书、音像制品等）、文化传播服务（如广播电视、文艺表演、博物馆等）和文化休闲娱乐（如游览景区服务、室内娱乐活动、休闲健身娱乐活动等）的活动，构成文化产业的主体；与文化产品、文化传播服务、文化休闲娱乐活动有直接关联的用品、设备的生产和销售活动以及相关文化产品（如工艺品等）的生产和销售活动，构成文化产业的补充。

国家统计局还将文化产业细分为文化产业的核心层（包括新闻服务，出版发行和版权服务，广播、电视、电影服务，文化艺术服务）、文化产业的外围层（包括网络文化服务、文化休闲娱乐服务、其他文化服务）和文化产业的相关层（包括用品的生产和销售，如文具、乐器、玩具、印刷纸张、书写纸张、空白磁带、空白光盘、电影胶片、照相器材、摄影胶卷、游艺器材等的生产和销售活动；设备的生产和销售，如新闻采编设备、广播设备、专业电视设备、电影设备、印刷专用设备、电视机、光碟机、收录机、音响设备等的生产和销售活动；相关文化产品的生产和销售，如工艺品、摄影作品、专业设计等的生产和销售活动）。

2006年9月根据《国家"十一五"时期文化发展规划纲要》，再次确定了重点发展的文化产业门类，针对以下九类提出发展要求。

1. 影视制作业

发展影视内容产业，提升电视剧、非新闻类也视节目和电影、动画片的生产能力，扩大影视制作、发行、播映和后产品开发，增加数量，提高质量，以满足多种媒体、多种终端发展对影视数字内容的需求。

2. 出版业

推动产业结构调整和升级，加快从主要依赖传统纸介质出版物向多种介质形态出版物共存的现代出版产业转变，从主要依赖区域性市场向综合开拓国际国内市场转变。培育一批具有较强竞争力和实力的出版企业集团，打造一批社会效益和经济效益显著、具有较强影响力的出版品牌。

3．发行业

支持出版物发行企业开展跨地区、跨行业、跨所有制经营，重点发展连锁经营、现代物流和网络书店等现代出版物流通系统，形成若干大型发行集团，建设全国统一、开放、竞争、有序的出版物市场。

4．印刷复制业

发展高新技术印刷、特色印刷和光盘复制业，建成具有若干各具特色、技术先进的印刷复制基地，使我国成为重要的国际印刷复制中心。

5．广告业

发挥各类媒体的作用，积极促进广告业的健康发展，努力扩大广告产业规模，提高媒体广告的公信力，使广告营业总额有较快增长。

6．演艺业

推进营业性演出单位资产重组，发展演艺经纪商，加强演出协作网络建设，形成一批大型演艺产业集团。

7．娱乐业

发展电子娱乐业，开发具有民族特色、地方特色、健康向上和技术先进的新兴娱乐方式，创新娱乐业态。鼓励连锁娱乐企业的发展。运用高新技术改造传统娱乐设施，加强文化娱乐主题园区建设。

8．文化会展业

发展各类综合及专业文化会展。重点支持覆盖全国并具有国际影响力的文化会展，办好2008年北京奥运会、2010年上海世博会的相关文化活动及会展，使文化会展业成为促进我国文化产业发展的重要平台。

9．数字内容和动漫产业

积极发展以数字化生产、网络化传播为主要特征的数字内容产业。加快发展民族动漫产业，大幅度提高国产动漫产品的数量和质量。积极发展网络文化产业，鼓励扶持民族原创的、健康向上的网络文化产品的创作和研发，拓展民族网络文化发展空间。

从文化产业在国外的发展情况来看，其范围包括文化艺术业、广播电视业、新闻出版业、信息网络服务业、教育业、旅游业、体育业、广告业、会展业、咨询业等，与我国的范围界定基本一致。

第二节　文化产业的价值分析与时代特征

文化产业正深刻地改变着当今世界文化建设的发展形态，对社会发展以及国家战略的实现及创新产生着深刻影响。如今，构建创新型文化体制，打造创造型和谐社会，已经成为我国文化产业发展的重要指南，文化产业已经成为经济增长的重要方式，也面临着自身增长与突破的战略性转移。建立起以版权产业为核心的文化产业创新体系，势必将成为我国文化产业发展的主流，并成为衡量我国文化产业综合实力的重要指标。因而，是否可以把与文化产业相关的一切积极成果转化为可供人民群众进行公共文化消费的文化产品与文化服务，把文化效益转化为经济效益与社会效益，为社会的公正、公平、正义提供价值标准，为公民的精神文明提供精神支持，成为我国文化产业发展战略的崭新价值取向。

一、文化产业的价值分析

（一）文化产业是综合国力提升的重要促进因素

文化是综合国力的重要构成要素，而文化产业则是国民经济的重要组成部分。当然，经济和文化的发展并不是相互独立的，要构建面向现代化、面向世界、面向未来的社会主义文化产业，就必须要科学理解和全面把握文化产业的发展走势与时代特征，确立经济与文化发展的一体化趋势。

目前，文化产业发展呈现出一个日趋显著的特征，即"文化的经济化趋向"以及"经济的文化化趋向"。所谓"文化的经济化趋向"，就是把文化的商品属性剥离出来，使文化要素促进经济增长使积极促进因子成为现代生产力的重要组成部分。所谓"经济的文化化趋向"，就是在经济与文化的一体化发展过程中，两者相互交融、相互作用，文化在经济活动中的地位越来越显著，经济生产的核心从物质领域拓展到精神领域，促成在市场经济条件下具备崭新内容特质的经济综合形态。经济全球化使文化产业在综合国力竞争中的重要作用愈发突显，在全球化的趋势下，各国之间在经济方面的相互依存度不断提升，其文化市场也日趋国际化。当今世界，综合国力的竞争不仅局限于经济实力、科技实力、国防实力等方面的竞争。同时也包括文化实力的较量。文化产业作为国民经济的重要组成部分，毫无疑问已经成为展现各国综合国力的重要内容，文化经济也已成为影响世界经济格局的重要力量。另外，文化资本的全球性流动将成为主宰国际文化产业格局变动、世界文化市场走向以及国际文化产业秩序的新生力量。比如以美国为首的西方文化强势国家依靠科技实力与市场运作的竞争优势，将其自身的强势文化市场延伸到全球各个角落。由此，它们一方面获得了来自文化市场的丰厚利润，包括电影产业、娱乐产业、图书产业、音像产业、文化旅游产业、新闻出版产业、体育文化产业等；另一方面，则获得了在信息、电脑、软件、网络、卫星传送等高科技方面的巨大优势。所以，文化产业的持续健康发展不仅是经济增长与财富积累的重要途径，而且还是综合国力提升的重要促进因素。

（二）文化产业对构建和谐社会具有特殊性

文化是和谐社会的灵魂，是以人为中心对外部世界认识和体验的总结，只能为人所创造，又为人的需求所服务。在社会与人全面发展进程中，文化的影响和作用越来越突出。文化产业作为市场经济条件下文化建设的新型形态，对构建和谐社会具有特殊意义。文化与经济社会、科学技术相结合形成的文化产业，则对构建和谐社会的作用更直接，更显示着时代特征。在我国，发展文化产业，是繁荣发展社会主义文化的重要载体，也是扩大内需、满足人们日益增长的多样化、多方面、多品种和多层次的精神需求的必然途径，我们在文化产业建设的过程中，应当注重体现以人为本的精神，维护广大人民群众的根本文化利益。

1. 发展文化产业有助于缓和人与社会之间的矛盾

当前，我国社会正在朝向市场经济的方向转化，处在"黄金发展期"和"矛盾凸显期"。社会结构、利益关系调整所带来新的不和谐因素，特别是人为的不和谐因素，成为构建和谐社会的主要障碍。要解决这些问题，进一步激发社会发展活力，离不开对文化产业的建设和完善。"以文教化"是文化的重要含义，在现代文化的概念中，文化是法律制度以外调整人际关系、促进社会和谐的有效手段。发展文化产业对构建和谐社会有着不可替代的"润滑"作用和促进作用。它有利于形成适应和谐社会的道德规范。道德的认同和行为的调适，有利于人和社会共同发展，先进的文化能够以其强烈的感染力、促进力和约束力，以"润物细无声"的形式在影响大众，潜移默化地熏陶着人民。社会基本道德规范的养成，对和谐的人际关系的形成有着不可低估的引领和促进作用。另外，它也有利于提高民族的共融性和凝聚力。

先进的文化对坚定信心、凝聚力量、促进发展、维护稳定有着重要作用，为经济社会又好又快地发展提供强大思想保证、精神动力和舆论支持。民族的共融性和凝聚力是实现国家稳定的前提，只有当社会所倡导的主体价值观、道德观和行为规范被社会成员所认同和遵循，社会才不会出现核心价值观的冲突。我国古代就倡导"修身、齐家、治国、平天下"，要求个人不仅要对自己负责，更要对社会负责、为国家服务，由此可见文化产业建设对于社会"大同"的作用。如今，文化产业建设对于构建安定有序的和谐社会，实现团结一心、众志成城，保证全面建设小康社会的新胜利，实现中华民族伟大复兴等，都具有十分重要的激励作用。

2. 发展文化产业有助于缓解人与自然之间的矛盾

文化资源是人智力的组合，其自然成本几乎为零，投入和产出的比例更加可观。与其他资源类型相比，文化资源取之不尽、用之不竭，而且挖得越深，它就越精彩、越丰富。所以，以文化产业促进经济发展，能够显著地减少人们对自然资源的依赖。文化产业既是绿色经济又是循环经济，我国正处于从传统工业向现代工业的转型时期，工业生产发展对自然资源的依赖程度很高，近年来出现的全球性生产能源短缺等问题，对经济发展产生严重制约，高能耗、高污染的经济增长方式急需转变。哥本哈根联合国气候变化大会使人们清醒地认识到全球必须共同采取行动，遏制大气中二氧化碳浓度的上升，这是关系到"这个星球上有人居住与从此荒芜"的重大决策，倘若不采取减排，人类必将面临遭遇灭绝的危机，节能减排已经成为全球的共鸣。在该背景下，绿色生态的文化产业应运而生。文化产业是文化元素与高新技术相结合的产物，主要依赖于高新技术和人力资源，对自然资源的占有、消耗和污染极少，被称为绿色 GDP，这无疑有助于缓解我国经济发展中人与自然的不和谐状态。此外，发展文化产业可以直接拉动其他经济类型的发展和转型。人们对于文化产品的消费是一种弹性很大的持续性消费，能不断刺激人的消费欲望，是循环经济的重要支流，是其他消费类型所无法比拟的。人类的精神需求永无止境，这就决定了文化消费的巨大空间，相应地，文化产业也因此拥有巨大的市场机遇。近年来我国年均文化产业产值达到 1 万亿人民币甚至更多，涵养了税源，提供了众多的就业机会，成长为经济增长的新亮点。文化产业关联度大、产业链长，带动作用显著，发展文化产业能够带动相关产业的成长与进步。一台成功的演出，涵盖创作人员、演出场所、经纪机构、演员本身，直至服装道具等生产企业都会受益。文化产业作为第三产业的重要组成部分，对旅游业、服务业的带动作用是毋庸置疑的。文化产业的信息产品还有助于加快信息化带动工业化的进程，为拓展经济发展空间、保持经济可持续发展积蓄了后劲。

3.发展文化产业是推动社会进步的动力

文化产业能够为社会的建设和发展提供原始动力。文化决定着人的价值取向，决定着社会发展的终极目标，是人类行为最原始、最持久的动力。文化产业的发展，有益于启迪心智、陶冶情感、砥砺意志、激励理想，这种力量的凝结就是参与社会主义事业建设的原始动力。文化产业的发展能够为构建和谐社会提供精神动力，文化作为一种成果，融于整个经济、政治、社会建设的脉络之中，起着积极的推动作用。只有动心、动情地尊重每个人的价值，减少社会矛盾，才能达到真正意义上的和谐；只有促进个人对社会、对群体的认同感和热爱度，才能调动方方面面参与社会主义事业建设的积极性和主动性；只有大力弘扬与时俱进的时代精神，让尊重劳动、尊重知识、尊重人才、尊重创造成为全社会的共同理念，才能使人民群众始终保持昂扬向上的精神状态，才能使经济社会发展的创造活力竞相迸发。发展文化产业还能为社会发展和进步提供直接的智力支持。科技发展和创新的目的是推动社会经济发展，科学文化水平将直接影响着劳动生产率的提高，文化产业的发展有利于加大文化育人力度，为社会发展提供源源不断的人才支持。而事实上，我们所处环境、我们的工作、信息交流、娱乐活动无时无刻不受到文化的影响，"文化育人"所指的就是文化对人的智力支持，这种支持不但有助于公民获得知识、更新知识、应用知识，更可以为社会的长远发展奠定必要的教育基础，使社会具有更大的进步动力和可持续发展能力。

二、文化产业的时代特征

（一）文化产业是内容产业

这是文化产业的最重要特征。具体是指文化产品所表现、反映和传播的思想观点、道德情感、风俗习惯、人文历史、故事情节、人物形象等。对于文化产业而言，内容是灵魂，也是其最大的卖点，只有内容吸引人，相应的文化产品才会吸引人，文化产业才能得到人们的关注，继而获得预期的发展。

对于文化产业而言，内容的重要性主要体现在以下方面。

其一，内容对文化产业的经济效益具有决定作用。只要内容能够达到人民群众的心理预期，那么文化产品就会有销路，文化产业也就能够获得预期的发展效果，赢得应有的经济效益。例如《快乐大本营》是湖南电视台于 1997 年 7 月 11 日开办的一档综艺性娱乐节目，目前固定每周六晚黄金时段在湖南卫视播出，是湖南卫视上新以来一直保持的优秀品牌节目。栏目开办以来以新鲜的题材、多样的形式、清新的风格、新奇的内容广受好评，与很多同时代的娱乐节目相比，它更加注重知识性、趣味性、参与性、创新性，引领观众走向一个新的视听空间，20 年来深受广大观众的喜爱。进入 21 世纪以后，中国的电视电影行业取得了长足的发展，快乐大本营剧组看准时机，向电影行业进军，推出《快乐大本营之快乐到家》。这是一部由杭州蓝色火焰公司和湖南卫视合拍的影片，由《快乐大本营》的五位主持人何灵、谢娜、李维嘉、吴昕、杜海涛出演，讲述了神奇狗狗"乐乐"踏上流浪之旅，无意中卷入一群搞笑倒霉蛋的夺狗大冒险的故事。该影片于 2013 年 1 月 15 日在中国公映，作为中国历史上第一部宠物贺岁喜剧，在娱乐营销上获得了卓越表现，得到了广大观众的青睐，并摘得"2012 中国创新营销案例奖"的桂冠。在全国影业院线公映中，该电影的影院场次排片量从百日的不足 10% 呈阶梯式跳跃，最高达到 30%，首映当天便以 1 200 万元的票房成为当日冠军，上映 7 天累计票房 1.27 亿元，跻身当周全球票房榜前十名，票房总计 1.5 亿元，成为 2013 年上映电影的票房"黑马"。究其根本原因，该影片之所以能够获得票房佳绩，主要在于影片内容注重观众的情感体验，制作开发了适合观众心理需求的电影产品。该案例也从侧面说明，内容能够决定文化产业的经济效益，唯有在内容上满足人民群众的各种需求，才能为大众所喜欢和接受，才能获得好的销路。所以我们认为，文化产业就是要打造出一系列内容好、故事好的产品来吸引人、感化人，在提升人们内在精神境界的同时提高文化产业的经济效益。

其二，内容对文化产业的社会效益具有决定作用。文化产业的社会效益是指文化产业对社会所产生的作用和影响，主要表现为社会大众对于文化产品的评价与反响，文化产业的社会影响与其他任何事物一样，也具有两面性，既有积极促进的一面，也有消极延滞的一面。文化产业的任何内容，不论采用何种创新形式，归根结底都要满足人民群众不同层次的文化需求。那些集中了中华民族上下五千年优良传统的宝贵文化精品，会对社会产生积极而深远的影响；反之，那些腐朽封建的精神毒品和文化垃圾，对社会的消极影响也是不容忽视的，当今社会是影像的时代，优秀的电影电视作品，可以为几代人提供美好的精神食粮，然而，那些假、恶、空的内容，则会对社会大众特别是青少年产生极为负面的影响，比如个别电视节目美丑不分、以丑为美，以低俗、媚俗的内容吸引眼球，个别游戏作品以打打杀杀等暴力行为编制出看似充满英雄气概的景观世界，有的甚至利用淫秽图片及视频对感觉的刺激作用来吸引青少年的关注，对青少年产生了不可估量的消极影响。这类文化产品既没有经济效益，也没有社会效益，是文化产业应当借助法律手段、道德手段和经济手段去竭力避免的。

内容对文化产业的经济效益和社会效益的决定作用说明，在文化产业，内容才是王道。因此，文化产业要以提升文化产品的质量为出发点和落脚点，以文化资源的开发与挖掘为途径与方向，以满足人民群众的精神文化需求为目标与任务。文化产业，一定要先文化，后产业，一定是先搞内容，再搞形式。文化产品的核心价值就是它的内容。

另外，必须要明确，内容的能量性质与经济效益往往并不是一一对应的关系。充满正能量的文化"女神"在面对市场时有时也会遭遇冷落，而善于乔装打扮的文化"婢女"有时却倍受青睐，这也就解释了为什么交响乐演奏厅、历史博物馆、书法会展馆门庭冷落，基础科学研究成果等学术性书刊很少有人问津，而肥皂剧、电子游戏等却让很多人趋之若鹜的尴尬状况。也就是说，具有正能量内容的文化产品并不一定具备良好的经济效益，而具有负能量内容的文化产品其经济效益也不一定不好。但可以肯定的是，好的文化产品其社会效益一定是好的，而负能量的文化产品其社会效益注定为负数。在文化产业的发展过程中，不能只求积极的内容和良好的社会效益，还要注重产品的经济效益，否则将会阻碍文化产业的可持续发展。当然，也不能一味地追求经济效益而无视产品的负能量信息，这样既亵渎了自身的社会责任，也违反了道德和法律的规定，是不理智也不长久的经济行为，必须予以抵制。

基于上述论述，在从事文化产业的过程中，一定要以内容为大，在内容上下足功夫，忽视内容，重视形式，无疑是本末倒置。内容是文化产业的生命，文化产业的发展如果没有大量的优秀作品作支撑，没有大量的具有创新精神的从业人员积极主动地进行文化创造，就会失去它的灵魂，就会丧失其生命力，最终只能原地打转甚至倒退，被时代所淘汰。文化产业从业人员的政治文化素养决定了文化产业的内容优劣，政治文化素养高，文化产品的内容必然会有血有肉、丰富多彩，那些既有思想内涵又有艺术魅力的作品也必将大量涌现。在经济效益、社会效益与文化效益的博弈中，一定要始终追求内容的正能量，任何时候都不能为了经济效益而放弃文化对于人类心灵的提升与净化作用。文化内容的正能量是一种健康乐观、积极向上的情感和力量，所有积极、健康、催人奋进、给人力量、充满希望的人和事都是正能量。从发展的眼光来看，文化产业不仅要注重经济效益，更要注重社会效益，特别是要把社会效益放在优先位置，一切文化产品都要努力体现社会主义核心价值理念，并努力实现文化效益、社会效益、经济效益乃至生态效益的圆满结合，这是文化产品成功的标志，也是文化产业发展的目标所在。评估一件文化产品是否优秀，既要看它创造了多少利润，更要看它是否有利于人的精神发展和社会发展，力求实现文化产品的社会效益与经济效益的最佳结合，不能只追求文化产品的经济价值而忽视其社会价值，也不能只求文化产品的社会效益而不顾经济效益，而要在两者之间寻求一个平衡点。

（二）文化产业是市场产业

文化产业能否繁荣，文化产品能否获得大众的关注与喜爱，这都是由市场所决定的。在市场中，文化产业的主体是企业，文化企业要不断拓展市场空间，使自身的文化产品在市场中占据更多的份额。如果市场对于文化产品没有需求，那么文化产品也就缺乏竞争力。所以，发展文化产业，一定要紧跟市场。

当然，政府在资源调节和发展引导等方面发挥着重要作用，对于文化企业来说，政府的重要性主要体现在以下两个方面。

其一，政府对特定文化产品的态度会直接影响企业的产品开发。政府对某一文化类型是鼓励还是禁止、是开放还是限制，会对这一文化类型带来很大影响。比如政府支持的文化类型，会由主管部门通过宏观规划，对文化产业的重点领域进行战略倾斜，加速产业布局进程，形成区域产业优势，抢占国际竞争先机等。政府还会对重点企业进行引导和扶持，促使企业真正去做文化产业，而不是打着文化的旗号去搞其他项目，比如房地产、娱乐园等。目前，我国的文化产业基地很多，但相当一部分基地只是挂着文化产业的牌子，缺乏真正做文化产业的企业。政府在这些方面加强引导、规范管理，就会有效避免同类事情的发生。

其二，政府对文化产品的消费会影响企业对于文化产品开发的态度。例如政府购买文艺演出服务、定制文化礼品、创办文化展会等，就会带动相关文化产业的发展。在发展文化产业、拉动文化消费的过程中，无论是市场建设、市场引导，还是政策制定、产业规范，这些都与政府息息相关。只有政府在文化产业中发挥积极的引导作用，才能真正建立起一个健康的文化产业发展环境。

但是，应当明确，政府的政策绝不等同于市场的需求。政府的鼓励与消费并不是文化消费的全部，甚至也不是文化消费的主力。所以，看准市场，才是文化企业成功的王道。近年来，有很多文化企业只盯政府政策、不盯市场趋向，误以为政府的号召与鼓励就是天然的市场，导致产品不受待见，达不到预期的经济效果。例如为了创作符合我国国情的动漫作品，我国各级政府鼓励企业在有能力的条件下积极发展动漫产业，于是，各类动漫基地和动漫制作企业如雨后春笋般建立起来，远远超出了市场需求和大众预期，使得很多企业陷入了发展困境。还有一些文化产品是单纯针对政府的文化消费而开发的，有些甚至仅仅是为政府消费而开发，结果，当政府控制公款消费时，这些文化产品立刻失去销路，企业一蹶不振。由此可见，政府在资源配置上确实具备引导性、弥补性、规制性的作用，文化企业应高度重视政府这只"有形之手"的功能和作用，但绝不能以政府为风向标，而要时刻关注市场动向。

所以说，从事文化产业，一定要牢固确立文化产业是市场产业的理念，紧盯市场、紧跟市场，密切研究市场，积极进行市场调研。市场调研对企业发展具有生死攸关的核心作用，它是企业获取决策依据的重要手段。倘若没有系统客观的市场调研与预测，仅凭经验或不完备的信息做出种种营销决策是非常危险也是十分落后的行为。文化企业应当从确定创作主题时起，就着手进行市场调研，对市场信息和消费信息进行收集、整理、统计及分析，透彻了解市场需求。以市场营销为理念进行市场化设计，针对文化消费者进行文化市场包装，区别对待不同消费者的不同需求，为他们提供合适的文化产品。只有做到对市场心中有数，才能保证企业的文化产品在市场上的竞争力与生命力。

市场是促进文化产品社会效益和经济效益最佳结合的有效通道，文化市场通过价格浮动等因素，发出灵敏的市场信号，形成有力的竞争机制，对文化市场的主体即文化产品的生产者和经营者进行引导和规范。

（三）文化产业是大众产业

文化产业是为了满足大众消费需求而形成并发展的产业，是一个高度依赖大众消费的产业。与其他商品一样，文化产品也要满足大众的消费需求。当然，文化产品要尽可能多地照顾到不同消费者的需求，特别是要满足一些消费者的"小众"需求，但通常来说，文化产品在内容和形式上必须能够被更多的人所欣赏和接受，才能带来更多的经济效益和社会效益，实现自身的存在价值。人民群众的文化消费需求是多层次、多元化的，从事文化产业，就要充分研究大众的种种需求和心理预期。大众的文化消费需求是随着经济社会的发展而不断变化的，从事文化产业，就要跟踪把握这种需求。另外，大众的文化消费需求也是需要引导和激发的，从事文化产业，就要引领消费、发掘需求，万不可脱离大众。要做到上述要求，可以从以下几个层面着手。

其一，文化产业要努力开发出一系列满足大众需求的文化产品，特别是针对不同文化背景、年龄层次、职业发展的人群开发出相应的产品。以图书为例，面向农村观众要打造以乡村田园风格为故事背景的文学作品，面对老年观众要开发出为他们那个年代所喜闻乐见的报刊图书等，面向年轻观众则要有他们所喜闻乐见的科技及娱乐内容等。

其二，要有方便快捷的市场通道，利用互联网等高新技术，帮助人们更加便利地观看、选择、购买和欣赏文化产品。文化产业应当着眼于文化消费的便利性、创新性与可行性。打造出一个方便、快捷而规范的市场文化渠道。

其三，文化产品的性价比要合理。性价比不当、价格过高的文化产品，很难获得大众的青睐。如今，我国的许多文化旅游景点出售天价门票，而旅游环境、旅游设施等都与游客的期望值相去甚远，这样的企业在竞争日益激烈的文化市场中，注定无法将事业做大、做强、做长久。反观一些受称赞的旅游景区，从微观上做文章，搞特色旅游，注重价格与服务的正相关程度，让人们在花钱不多的前提下得到了身心的愉悦和放松。所以，文化产业应当把握好文化生产者和文化消费者之间的利益关系，打造价格合理的文化产品。

其四，文化产品要注重创新，要能够激发大众的消费欲望。文化产业是当今的热门产业，但是文化产品却千篇一律、缺乏创新，很多中小型文化企业难以在文化市场中立足。于是，开发创意文化产品，激发消费者的兴趣和购买欲望，就成为文化产品生产企业的核心。比如发掘创作具有鲜明地域特色的电影、歌曲、相声，创办合乎大众消费欲望的文化娱乐活动，例如南京一年一度的"森林音乐节"，河南电视台推出的电视节目《梨园春》《武林风》，江苏卫视的《缘来非诚勿扰》《一站到底》《最强大脑》，河北卫视的《中华好诗词》，浙江卫视的《中国新歌声》等，都是非常成功的典型案例，值得文化企业借鉴和学习。

不过，大众文化消费是一个缓慢发展的过程，在我国主要受制于两个方面：一方面是受制于大众的消费水平或购买能力。我国正处于并将长期处于社会主义初级阶段，是发展中国家的一员，大众消费水平普遍不高，部分家庭生活困难，根据联合国的标准，我国还有一亿多人口生活在贫困线以下。因此，文化消费受到群众收入状况的极大制约。我们应当始终坚持以经济建设为中心，把发展作为第一要务，统筹区域发展，推动城乡一体化发展，鼓励东部地区先发展，以先进带落后，使改革发展成果更加公平地让人民群众分享，从而提高大众文化的消费能力。另一方面，大众文化消费也受制于大众的消费习惯。在我国的诸多家庭中，文化消费在生活消费中占的比例极低，文化消费意识非常薄弱，与欧美发达国家形成了鲜明对比。所以，政府相关部门、各类文化组织和文化企业要加大宣传力度，使用多种手段引导和培养人民群众的文化消费习惯，转变文化消费可有可无的观念，营造良好的文化消费环境，推动有条件的家庭和个人把更多的时间和收入用于文化消费。

（四）文化产业是创意产业

无论是传统文化产业还是新兴文化产业都是创意产业。新兴文化产业，例如网络文化、影视制作、动漫游戏、演艺会展和广告传媒等需要创意，传统文化产业，如新闻出版、文化艺术等也需要创意。在内容和形式上没有创意的文化产品是无法吸引人们的关注的。近年来，文化产业发展进程中频频出现的跟风克隆、轻视创意的现象，在图书出版产业、电影电视产业、文化娱乐产业、旅游演艺产业、动漫卡通产业、主题公园产业等领域均屡见不鲜。跟风克隆的发展形态让少数企业在初期尝到过甜头，但更多的是吃了苦头，既伤了被跟风克隆者，也伤了跟风克隆者自己。所以，文化产业者应当时刻铭记，文化产业是创意产业，从事文化产业，就必须要立足创意、着眼创新、勇于突破、敢于超越，在新颖的内容和形式上下足功夫。

其一，要把创意创新上升为职业道德。职业道德是指人们在职业生活中应当遵循的基本规范，是社会道德在职业生活中的具体体现。文化产业从业人员应当以创意创新为荣、以跟风克隆为耻，把创意创新作为企业安身立命的基础，把跟风克隆视为损人害己的祸根。

其二，要把创意创新人才视为企业的首要资源，予以充分重视和鼓励。创新是企业的灵魂，人才是企业创新的第一资源。文化产业对于那些具备创新理念的人才应当广泛网罗、精心培养、积极鼓励、论功行赏。只有更加尊重人才，才能更大限度地激发人才的创新潜能，更大限度地激发企业内部创新人才的创造活力。所以，文化产业的管理人员应当培养自己慧眼识才的能力，善于发现那些具有创新思维和创新潜力的人才，并制定培训计划，有步骤、有目标地进行培养，为他们提供展示创新才能的舞台，创造实现创新价值的必备条件。

其三，要把创意创新作为投资依据。只有具备了有创意、有创新的文化产品，才能避免跟风克隆，才能在市场上独树一帜，激发大众的消费欲望，投资这样的文化产品，才能获得市场价值和经济效益，才能给企业投资带来高效益、高回报。所以，企业要具备一定的定力，充分做到对没有创意的文化项目不动心，对没有创新的文化项目不投资。当然，相关企业还要科学界定文化领域的创意与创新，它们并不是凭空想象，也不是心血来潮。创意创新要瞄准市场，把握需求，具有适度的前瞻性，体现文化自身发展趋势和规律，也就是说，创意创新要对上市场发展的路子，创意对不对路，创新成不成功，决定着产品的出路与价值。

其四，要营造有利于创意创新的环境。例如政府要加大保护知识产权的力度，出台相应的政策和措施，激发创意，鼓励创新，加大对创新型人才的扶持和培养。我国文化产业的发展时间较短，从进入我国开始发展至今只有20余年的时间，文化产业的加速发展也只是近几年的事情。我们对文化产业的认识才刚刚开始，对于如何经营仍然处于探索过程之中。目前，文化产业在我国呈现出良好的发展态势，但也存在着这样那样的问题，这都是自然而然的过程，不应因为其显赫的成果而沾沾自喜，也不要因为其中的瓶颈而闷闷不乐。只要我们愿意并付诸实践去更加深入地研究和把握文化产业的特性，找到经营文化产业的窍门和规律，就能在文化产业发展进程中做到得心应手、游刃有余。

第三节　文化产业与创意产业的有机融合

创意产业是当今时代发展的热门。如今，一家企业能否成功，拼的就是创意，所以，对于文化产业而言，创意仍然是相关企业能否成功的至关重要的因素，由此，文化创意产业应运而生。文化创意产业是在经济全球化背景下产生的以创造力为核心的新兴产业，强调主体文化因素，依靠个人或团队，通过技术、创意和产业化的方式进行开发、营销的知识产权的行业。文化创意产业主要包括广播影视、动漫、音像、传媒、视觉艺术、表演艺术、工艺与设计、雕塑、环境艺术、广告装潢、服装设计、软件和计算机服务等方面的创意群体。

《"十四五"文化发展规划》明确提出了国家发展文化创意产业的主要任务，全国各大城市也都推出相关政策来支持和推动文化创意产业的发展。文化创意产业在各国定义不同，又称为文化产业、创意知识产业、内容产业等。针对文化与创意而制定产业发展政策，最早是在 1997 年由英国前首相布莱尔工党内阁所推动的创意产业，同一时期，遭遇亚洲金融风暴的韩国，在总统金大中主导下也开始从电影与文化等产业开始发展"文化内容产业"，并成立"文化内容振兴院"与通过《文化内容振兴法》，澳大利亚、新西兰以及很多欧洲国家也有很多类似的做法。中国近几年在文化艺术领域蓬勃发展，不仅在制造业的优势下寻找出路，还开始重视文化创意产业的发展。文化创意产业是现代服务业的重要组成部分，是人类智慧、科学技术与文化艺术的高度结合，以文化为内涵，以创新创意为核心，以低耗、低碳为特征，具有涵盖领域宽、产业链长、产品附加值高、带动就业能力强、对相关产业拉动力强、对传统产业提升作用大等特点。

进入 21 世纪以来，以绿色能源和低碳经济为导向的技术创新产业不断发展，文化创意产业也正以前所未有的速度和规模发展，成为全球经济的新的增长点。据统计，2008 年，德国文化创意产业经济收入高达 1 300 亿欧元，占全国 GDP 的 2.5%。同年，英国的文化创意产业收入达到 700 多亿英镑，占全国 GDP 的 8%。2009 年全球电影票房收入近 300 亿美元，在金融危机期间，美国电影票房仍然呈现上涨趋势，创造了 200 多万个就业机会。2010 年，意大利文化创意产业收入近 700 亿欧元，占全国 GDP 的 5%，为国家提供了 100 多万个就业岗位。

在我国，文化创意产业是"十二五"时期重点规划和发展的新兴产业，加快发展文化创意产业，对于促进经济发展方式转变、实现产业结构转型升级、提升现代服务业水平、实现社会主义文化的繁荣发展都具有重要战略意义。作为典型的知识密集、人力密集型、资本密集型的服务业，文化创意产业在收纳高端人才、培养社会活力等方面具有无可取代的重要作用，也是解决大学生就业的重要渠道，对于保障民生、促进就业、维护稳定具有重大意义。

一、文化创意产业的概念

1972 年，联合国教科文组织蒙特利尔大会对文化产业的定义如下：它是以大工业化生产方式进行的文化产品的生产和交换活动，是按照工业标准生产、再生产、存储以及分配文化产品和服务的一系列活动。20 世纪 80 年代，英国伦敦市议会提出，文化产业是那些没有稳定的公共财政资金维持，采用商业化方式运作的文化活动，是产生财富与就业的重要渠道。同时，文化产业也是所有与文化有关商业活动的通称。相关的文化产品用于满足人们的精神消费需求。这一概念也是当前国际上比较认可的权威定义。1998 年,《英国创意产业路径文件》提出,创意产业就是那些"源自个人创意、技巧及才华,通过知识产权的开发和运用,具有创造财富和就业潜力的行业"。据此,创意产业可以细分为广告产业、建筑产业、艺术产业和文物交易产业、手工艺产业、工业设计产业、时装设计产业、电影音像产业、娱乐产业、电脑软件产业、电脑游戏产业、音乐表演产业、出版产业、广播电视产业等。英国经济学家约翰·霍金斯在《创意经济》一书中,进一步扩展了创意产业的概念,指出创意产业是"其产品都在知识产权法的保护范围内的经济部门"。

中国对文化创意产业的引入较晚,对其概念的界定也是近十几年的事情。2000年,《中共中央关于制定国民经济和社会发展第十个五年计划的建议》首次将"文化产业"的概念写入大纲。2003 年 9 月,文化部制定了《关于支持和促进文化产业发展的若干意见》,把文化产业界定为"从事文化产品生产和提供文化服务的经营性行业",并将演出、影视、音像、文化娱乐、文化旅游、网络文化、图书报刊、文物和艺术品以及艺术培训 9 大行业纳入文化产业的经营与管理范畴。2004 年 3 月,国家统计局颁布了《文化及相关产业分类》,把文化产业定义为"为社会公众提供文化、娱乐产品和服务的活动,以及与这些活动有关联的活动的集合"。针对"创意产业"一词,它最早出现在上海的创意园区,2004 年,极具时代精神与创造精神的新时代人才在上海提出"创意产业"一词,并把创意产业定义为"以创新思想、技巧和先进技术等知识和智力密集型要素为核心,通过一系列创造活动,引起生产和消费环节的价值增值,为社会创造财富和提供广泛就业机会的产业。"2006 年 12 月,北京市统计局、国家统计局、北京调查总队联合制定发布《北京市文化创意产业分类标准》,对"文化创意产业"的定义进行了界定,即"以创作、创造、创新为根本手段,以文化内容和创意成果为核心价值,以知识产权实现或消费为交易特征,为社会公众提供文化体验的具有内在联系的行业集群"。

在我国,文化创意产业可以细分为新闻服务产业、出版发行服务产业、广播电视服务产业、文化艺术服务产业、网络文化服务产业、文娱休闲服务产业和其他文化服务产业 7 大类,又可进一步细分为 45 个小类。由此可见,文化创意产业具有以下六个基本特征:其一,它是一种以人类智慧和高科技为依托的智慧型产业;其二,它是以创新创意为主要特征的创意产业;其三,它要通过知识产权对创造创意的产业化进行运转和保护;其四,它可以为先进创意人才提供大量的就业岗位;其五,它可以极大地创造和增加社会财富;其六,它可以极大地提高民族的文化素质和道德意识。

二、我国文化创意产业的发展现状

（一）五个可喜特征

我国文化创意产业起步较晚，但发展速度极快，目前呈现出以下几个发展特征。

1. 文化创意产业快速增长，国际竞争力和市场占有率显著提升

自 21 世纪以来，我国文化创意产业发展增速极快，产业规模迅速扩大。从 2004 年至 2008 年的 5 年间，我国文化产业的年均增速为 22%，比同期服务产业高出近 3%。根据《2008 年我国文化产业发展情况的报告》，截至 2008 年底，我国文化产业的法人单位近 50 万个，从业人员总数高达 1 200 万人。2009 年，我国文化创意产业占 GDP 总量的近 3%，达到 10 000 亿元。2011 年，文化产业总产值超过 40 000 万亿元，在 GDP 的比重超过 3%。

在电影产业方面，我国电影年产量位居全球第三位，仅次于美国和印度。据国家广电总局统计，2009 年我国故事影片产量 456 部，影院票房收入高达 60 亿元，同比增长 42%。2010 年，我国故事影片产量 526 部，同比增长 15%，票房总量超过 100 亿元，同比增长 63%。

在新闻出版产业方面，图书、报纸、电子出版物的品种和总销量连续多年稳居世界第一。2009 年，新闻出版业总产值突破 10 000 亿元，同比增长 2042%；2010 年，全国出版图书、期刊、报纸总印张为 2 935.41 亿印张，共有出版社 581 家，音像制品出版单位 374 家，电子出版物出版单位 251 家；全国共出版图书 328 387 种，期刊 9 884 种，报纸 1 939 种，录音制品 10 639 种，录像制品 10 913 种；共出版电子出版物 11 175 种、25 911.86 万张。2011 年新闻出版业总产值超过 15 000 亿元。

在广播电视产业方面，我国的广播电视产业是世界上规模最大、覆盖人口最多的电子传媒。20 多年，全国广播电视总收入 2 301.87 亿元，与 2005 年（931.15 亿）相比增长 147.2%，年均增长 19.8%；全国公共广播节目播出时间 1 266 万小时，与 2005 年（10 余万小时）相比增长 22.92%，年均增长 4.21%；全国公共电视节目播出时间 1 636 万小时，与 2005 年（1 259 万小时）相比增长 29.95%，年均增长 5.38%；全国广播电视节目综合人口覆盖率分别为 96.78% 和 97.62%，比 2005 年（94.48%、95.81%）分别增长 2.4% 和 1.9%，年均增长 0.48% 和 0.38%。2011 年，我国有线数字电视用户数超过 1.1 亿个，同比增长 21% 左右；电视剧日均生产 40 集，成为世界最大的电视剧生产国。

在动漫网游产业，我国动漫网游产品的竞争力显著提高。2009 年，我国新兴数字出版产业的总产值近 800 亿元，比上一年度增长了 42%。就动漫产业而言，2010 年我国动漫产业总产值为 470.84 亿元，同比增长 27.8%；国产电视动画片时长 220 530 分钟，同比增长 28%。2010 年，我国原创电视动画片生产的十大城市合计总产量为 244 部，占全国的 63%，时长为 162 506 分钟，占全国的 74%。原创电视动画前十名企业的总产量为 87 部，占全国的 23%，时长为 86 530 分钟，占全国的 39%。截至 2015 年，我国动漫产业总产值超过 1 000 亿元，成为国民生产总值中不容小觑的一部分。就网络游戏产业而言，2009 年，我国网络游戏行业产值达 285 亿元；2011 年，网络游戏经营收入达到 423 亿元以上，约占整个游戏产业的 36.5% 以上。

在广告产业，我国广告总产值位居世界第四，仅次于美国、日本和德国。2009 年，我国广告营业额为 1 984 亿元，2010 年为 2 341 亿元，2011 年突破 3 000 亿元。从就业人数来看，2009 年我国广告从业人员为 133 万人，2010 年达到 148 万人。从广播电视的广告收入来看，2010 年，我国广播的广告收入为 99.58 亿元，比 2005 年（50.58 亿元）增长 96.88%，年均增长 14.5%；同年，我国电视的广告收入为 796.59 亿元，比 2005 年（406.53 亿元）增长 95.95%，年均增长 14.4%。

工业设计产业，我国已经初具规模。2009 年，北京工业设计业规模居国内领先地位，工业设计及相关业务收入达 60 亿元，工业设计公司 400 余家；深圳工业设计产值近 20 亿元，工业设计企业 3 500 家，占全国的 60%；无锡市拥有工业设计及相关企业近 200 家；广州共有工业设计公司 100 家左右。同年，北京从业人员超过 2 万人，深圳超过 5 万人，广州约 4.5 万人，上海工业设计人员已近万人，据调查，我国工业设计活动的 70% 以上都发生在制造企业的内部，2010 年，我国外观设计专利、实用新型、发明三项专利授权量分别为 335 243 件、344 472 件和 135 110 件，其中外观专利增长 34%。深圳、上海分别被联合国教科文组织命名为"设计之都"。

2. 文化创意产业发展势头较快，重点区域布局基本形成

在我国，很多地区特别是经济发展已经基本成型的东部沿海地区，都已经把文化创意产业视为当地"十二五"规划的重点领域予以开发和完善，积极推动产业结构的升级转型，把文化创意产业视为当地经济社会发展的重要支撑，以及扩大就业、保障民生的重要途径。我国已有 23 个省、市、自治区设立了文化产业发展的专项资金，22 个省制定了文化产业发展的规划纲要，14 个省成立了文化产业协会或促进会。其中，广东、浙江、江苏、山东、安徽、湖南、辽宁等省都在全力打造"文化大省""文化强省"，北京、上海、南京、重庆、深圳、广州、杭州等城市都相继出台了文化创意产业的指导意见和策略。

从区域分布来看，我国文化创意产业主要分布在东部地区；从城市分布来看，主要分布在一、二线城市。这也反映出我国文化产业发展的基本格局，即以东部地区为主，逐步向中西部地区扩展；以一、二线城市为主，逐步向三线城市扩展。例如我国的工业设计服务业主要分布在华北、华东和华南地区，在全国服务总额的占比分别为 24%、22% 和 20%，西南和东北地区各占 8%，西北地区占 4%。北京、上海、深圳、广州、南京、无锡、青岛、大连等大型城市是当今文化产业发展的战略地区，2009 年，北京、上海、深圳、广州、杭州、南京、长沙、武汉、苏州、重庆、成都等城市的创意产业总值增速都超过了同期 GDP 增速。2010 年，动漫产业发展的主要地区是广东、上海、湖南、北京、湖北、浙江、江苏、黑龙江、吉林、福建等地，其中广东总产值为 168.67 亿元，位居全国第一；上海为 50.9 亿元，位居全国第二。就北京而言，从 2005 年至 2010 年，文化创意产业增加值从 674.1 亿元提升到了 1 697.7 亿元，在 GDP 的占比也从 9.7% 提高到 12%，年均增速高达 20.3%，成为北京服务业中的第三大支柱产业，目前，北京发布实施《首都设计创新提升计划》，计划利用三年的时间，培育出设计产业的五十强企业，推动北京成为全国设计的核心引领区。就上海而言，2010 年，文化创意产业实现增加值 1 673.79 亿元，增长 15.6%，高于 GDP 增幅 5.3 个百分点，占全市 GDP 的 9.75%，对经济增长贡献率达 14%，从业人员 108.94 万人，成为上海的支柱性产业；文化产品和服务贸易进出口额高达 149.9 亿美元，贸易顺差为 44.1 亿美元。同时，上海也在新闻出版、广播影视、文化艺术、数字娱乐等领域培育形成了一大批具有显著竞争力的企业。2015 年，上海文化创意产业总值占 GDP 比重超过 12%，与伦敦、纽约、东京并称为"国际四大创意产业中心"。就深圳而言，2009 年，文化创意产业的增加值为 531 亿元，占全市 GDP 的 6.4%，2015 年则比 2010 年翻了一番。武汉 2010 年的文化产业占 GDP 的 5.9%，从业人员 23.94 万。长沙 2010 年的文化创意产业增加值高达 453.84 亿元，同比增长 21.2%，占 GDP 的 10%，"十一五"期间年均增长率为 19%。

3. 特色园区逐步形成，聚集效应明显提高

在文化创意产业的发展过程中，文化创意园区成为重要的载体和突破口，各类创意园区的聚集效应、示范效应、产业带动效应显著提升。绝大多数文化创意园区都是通过改造当地传统制造业的老厂房而形成，既解决了城市制造业的转移问题，促进了产业结构的升级换代，又为文化创意产业提供了现实可用的空间载体，近年来，各类特色鲜明的园区不断涌现，软件、工业设计、建筑设计、动漫网游、影视、绘画艺术、音乐、工艺美术、古玩、时尚文化、数字娱乐等主题创意园区如雨后春笋般出现在华夏大地上并逐步形成规模，各类公共文化服务平台也相继建立并健全，服务功能日趋完善。据统计，截至 2009 年，已有 80 多个特色创意产业聚集区在上海落户，入驻企业 6 110 家，吸纳就业 11 万人，营业收入达到 422.2 亿元。北京则以 20 多个文化创意产业集聚区为载体，吸引了近万家企业到北京投资发展，为高校创新人才创造了大量的就业与创业机会。针对新闻出版业领域，我国已经建成 5 个国家级新闻出版产业基地，9 个国家级数字出版基地，以及 27 个各类国家级园区，产业聚集效应十分显著。全国范围内涌现出一大批具有品牌特色和集聚效益的园区，比如上海的田子坊、深圳的华侨城、北京的宋庄、浙江的横店等。

我国重点创意产业园区分布如下。

北京：市政府认定的首批 21 个园区，包括中关村创意产业先导基地、宋庄原创艺术与卡通产业集聚区、中国（怀柔）影视基地、北京 798 艺术区等。

上海：政府授牌的 75 个园区，包括田子坊、8 号桥、M50、同乐坊、海上海、创意联盟、2577 创意大院、1933 老场坊、绿地阳光园、外马路仓库、汇丰等。

南京：已建成或在建园区 42 个，包括南京 1912、创意东八区、南京工业大学科技创新园、南京高新动漫、南京 1865、南京石城现代艺术创意园等。

杭州：建成或在建的 18 个园区，包括 LOFT49、唐尚 433、乐富·智汇园、杭州国家动画产业基地、高新区国家动画产业基地、西湖创意谷、之江文化创意园等。

苏州：现有创意园区包括苏州意库创意产业园、创意泵站、苏州工业园区国际科技园等。

广州：共有 8 个产业园区，包括滨水创意产业带、荔湾广州设计港、天河国家网游动漫产业基地、从化动漫产业园、文德路"文化一条街"、荔湾海角红楼等。

深圳：建成或在建的园区有 30 余个，包括罗湖创意文化广场、田面"设计之都"创意产业园、蛇口创意文化产业园、南山数字文化产业基地、F518 创意产业园等。

昆明：已建成 14 个文创产业园区，包括昆明文化创意产业开发区、西山现代传媒集聚区、中国玉器第一城、云南茶文化大观园、"昆明 LOFT"艺术主题社区等。

大理：共有两个影视文创园区，包括国际影视文化产学研基地和大理天龙八部影视城。

丽江：共有两个主要的影视文化创意园区，包括印象丽江剧场和丽江束河影视基地。

西安：文创园区 10 多个，包括华晶广场研发设计产业聚集区、橡树街区数字内容产业聚集区、丈八苗圃文化艺术产业社区、水晶岛创意产业孵化基地等。

成都：建成或在建的园区有 13 个，包括画意村、青城山·中国当代美术馆群、成都东郊工业文明博物馆、红星路 35 号、篮顶艺术中心、浓村国际艺术村等。

重庆：已建成 9 个文化创意产业基地，包括视美动漫教学研发基地、海王星科技大厦、水星科技大厦、坦克库、501 仓库、大足石刻影视文化创意产业基地等。

长沙：已建成或在建的园区有 13 个，包括金鹰影视文化城、长沙报业文化产业园、国家动漫游戏产业振兴基地、湖南创意产业园、长沙广播电视中心、湖南报业文化城等。

4. 文化创意产业的战略地位日益突出，产业政策日益完善

促进文化创意产业的创立、发展与升级已经成为我国的国家战略。党的十六大明确提出要鼓励文化产业发展，加强文化产业整体实力和竞争力；十七大报告进一步明确要实现我国的"文化大发展大繁荣"，提高我国的"文化软实力"和"文化生产力"。党的十七届六中全会通过了《中共中央关于深化文化体制改革、推动社会主义文化大发展大繁荣若干重大问题的决定》，标志着我国文化创意产业的发展进入了一个崭新的历史时期，使文化创意产业的繁荣发展具备了强大的动力支持和精神辅助，这对加快推动文化创意产业成为国民经济支柱产业、推进体制改革和机制创新、加快文化创意产业"走出去"等，都具有非常重要的意义。

自 2003 年以来，党中央和国务院高度重视文化发展工作，相继出台了一系列促进文化产业发展的政策和指导意见，这对加强党和政府对我国文化创意产业的整体统筹规划、进一步扩大文化领域的改革开放、提高文化产品的国际竞争力等，都具有极其重要的意义。这些文件和纲领主要包括 2003 年颁布的《关于支持和促进文化产业发展的若干意见》，2004 年颁布的《关于鼓励、支持和引导非公有制经济发展文化产业的意见》，2005 年颁布的《关于文化体制改革试点中支持文化产业发展若干税收政策问题的通知》《关于文化领域引进外资的若干意见》《关于深化文化体制改革的若干意见》，2006 年颁布的《关于进一步支持文化事业发展若干经济政策的通知》《国家"十一五"时期文化发展规划纲要》，2009 年颁布的《关于支持文化企业发展若干税收政策问题的通知》《关于金融支持文化出口的指导意见》《文化产业振兴规划》，2010 年颁布的《关于金融支持文化产业振兴和发展繁荣的指导意见》等。另外，我国政府还对相关的文化创意产业给予了政策优惠，在财政、税收、金融方面加大扶持力度，极大地促进了影视、动漫、软件、设计、数字、广告等方面的创新发展。

5. 文化创意产业的市场潜力巨大，人力资源丰富

我国是世界文化大国，也是世界人口大国，文化产业的高度繁荣将会促使我国成为世界最大的文化创意产品的生产基地与消费市场。我国城市居民的消费结构升级将会带动文化创意产品的需求和消费。据统计，2011 年城镇居民人均可支配收入为 21 810 元，实际增长 8.4%，人们用于文化、艺术、旅游、休闲、娱乐等方面的消费比重也大大增加。另外，社会主义新农村建设令农村人口的生活质量大幅提升，可支配收入也不断增多，不断刺激着农村人口的文化消费需求。2011 年，农村居民人均纯收入 6 977 元，实际增长了 4%，增幅首次超过城市居民收入。随着农村居民收入水平、人口素质、教育水平的大幅度提高，再加上家电下乡、文化下乡等政策的支持，农村的文化娱乐消费市场将呈现不断扩大的趋势。总体而言，我国人口的整体文化素养在不断提升，受教育人口不断增加，这会直接带动各类文化艺术、出版物等的消费需求。随着我国对于提升创新能力的号召，企业的自主创新能力不断增强，软件、动漫、网络游戏、数字内容等创意产业将会获得意想不到的发展。另外，我国的文化创意产业人力资源供给丰富，人力成本低，具有较强的可持续发展能力，据统计，2010 年，我国在校研究生 154 万人，在校大学生 2 232 万人，各类社会培训机构不断增加，知识学科呈现多元化发展，为我国文化创意产业的发展提供了充足的人才储备和智力支持。

（二）存在的问题

然而，在看到上述可喜成果的同时，也应当注意到我国文化创意产业正在面临着诸多问题。具体如下。

1. 文化创意企业规模小，缺乏独立自主品牌，缺乏国际竞争力

在我国的文化创意企业中，上市企业所占的比重极少，大型企业也没有强大的文化背景支持，不具备鲜明的品牌形象，尚未形成类似迪士尼、BBC、CNN 等世界级跨国公司的类型。

2. 我国文化创意企业技术含量较低、原创能力较弱

我国很多文化产品都是对国外同类产品的拷贝，缺少原汁原味的中国意蕴。在我国青少年最喜爱的动漫产品中，日本、韩国的动漫产品占 60% 以上，欧美的动漫产品接近 30%，中国内地和港台地区的原创动漫产品仅占 10%。在网络游戏方面，我国有两百余家游戏运营商，但总计只有不足 80 种游戏产品，其中 70% 源自韩国，25% 源自日本和欧美，原创游戏不足 5%。

3. 我国文化创意产业缺乏专业的创意人才

据统计，美国纽约的创意人才占就业人口总数的 12%，伦敦占比 14%，东京占比 15%，而我国城市的创意人才却不足就业总人口的千分之一。一方面，我国对于专业创意人才培养不足，尚未建立起一套行之有效的人才培养的长效机制。另一方面，创意产业在我国属于新兴领域，风险未知、收益未知，很多企业不愿意投入较高的资金在专业人才上，专业人才的工资收入不及发达国家的 10%，也缺乏合理的社会保障体系。因此我国的设计、动漫等领域普遍存在人才短缺的问题，特别是缺少专业的高级经营管理人才和专业创意人才。

4. 创意产业园区的建设趋同化比较严重

我国的各大创意产业园区，各区域之间结构趋同，同一地区之间产业规划以及产业布局亩同，人才与资源的恶性竞争十分明显一，特别是设计、动漫等新兴领域，没有属于我国自己的文化创意产品，绝大多数都是在模仿日韩、欧美的产品，市场上的文化产品千篇一律，无法营造吸人眼球的特征。

5. 文化创意产业发展在一定程度上受到计划体制的制约

我国的文化发展或多或少地存在着一些计划经济体制的影子，掌控稀缺资源的国有文化企业往往能够依靠对资源和资金的垄断来获取利益，民营企业则要在夹缝中求生存，没有强大的市场活力和资金支持，导致很多本应活力四射的民营企业难以进入出版、新闻、传媒等领域，不利于我国文化创意产业的更新换代。

6. 文化创意产业大多数都是新兴的中小企业

这些中小企业主要依靠人力资本和智慧成本，大多数没有强大的固定资产给予支撑，企业融资难度极大，银行贷款、资本市场融资等方面也面临较大问题。

7. 与文化创意产业相关的统计分析体系不健全

部分领域还未成立相应的统计制度，给企业的研究决策带来较大困难，很多战略部署都带有一定的盲目性。

（三）应对策略

那么，我们应当如何实现文化创意产业在中国的繁荣发展呢？

当前，是我国全面实现文化创意产业大发展和大繁荣的关键时期，也是我国全面提升国际竞争力的核心时期，我们应充分认识到文化创意产业对于我国产业机构调整、促进传统产业升级、促进经济发展的强大作用，加强政策支持和战略引导，积极加强体制机制创新，对文化创意企业进行资金和政策支持，帮助我国自有企业和自有品牌做大做强，提升国际竞争力，在国际市场站稳脚跟，推广国际文化服务贸易，推动文化创意企业"走出去"，大力发展和培养专业的创意人才。具体可以从以下几个方面着手。

1. 发展重点领域，提高文化创意企业及产品的国际竞争力

充分发挥文化创意产业对于传统产业改造和升级的突出作用。加强对广播电视、电影艺术、文化演艺、考古收藏、印刷复制等方面的设备生产，提升硬件设施的层次，加强对终端产品的提升和完善，比如电视机、计算机、手机、阅读器等。深度挖掘文化创意资源，充分利用和努力保护文化资源，不断提高文化产品和服务生产在不同环节的价值。对于已经形成的较大规模的产业领域，比如电视电影、新闻广播等，必须努力提升产品的文化层次与审美水平，积极推进大型企业、典型品牌的跨地区、跨行业、跨所有制的并购与重组，鼓励有能力的企业进行海外投资，大力培养一批具有国际竞争力和影响力的跨国公司，努力打造一大批具有国际感召力和吸引力的文化创意产品。在设计、动漫、网络游戏等新兴领域，应当加快形成规模，提升原创能力，提高产业化水平，提高园区的聚集效应，加强对产业链的统筹管理，努力提升产业规模和企业实力。

2. 加强产业的政策扶持，着力解决融资难问题

我们应当尽快实现文化与金融的密切融合，扩大银行、保险、风险投资基金、证券等融资方式对文化创意产业的投入，降低投资门槛，增加政府投入，多途径、多方式地解决文化创意企业融资难的问题。各级政府和相关部门应当加大财政资金支持力度，加强文化与科技紧密结合，为文化创意产业提供资金和技术支撑，提高企业的原创能力和原创动力。如加快设立各类文化创意产业基金，用于支持企业开展国际交流、国际展览、海外市场拓展、海外宣传、培训教育、人才培养等；实行税收优惠政策，探索营业税减免试点，尽一切可能为文化创意产业提供优惠和扶持。

3. 优化区域布局，打造专题园区，创建文化创意品牌城市

东西部地区以及各级城市之间应当合理分工、密切协作，形成差异化发展的互补互助格局。鼓励企业要立足当地资源，突出地方特色，体现文化差异，加强文化创意，加快调整和优化文化创意产业的空间布局。打造一系列文化底蕴深厚、文化创意十足的文化创意产业示范城市，形成独特的文化品牌。比如可以在上海、北京、深圳、南京等地扩大文化设计产业布局，在长春、西安等地打造文化影视产业，在杭州、长沙等地加强动漫产业发展，在成都、武汉等地进一步开发网络游戏和数字娱乐产业等，做到因地制宜、多重开发。

4.加强创意人才培养，建立专门的学科门类，大力引进高端创意人才

人才是创意产业发展的第一要素。但是我国目前在文化创意领域的人才培养方面显得非常薄弱，应当进一步加快高等院校的教育体制改革，加强企业与高校的密切互动，建立产学研合作机制，将产业的人才需求带到校园中去，让高校有目的、有规划地培养社会所需的专业人才。另外，可以与美国、欧洲、日本、韩国等发达国家和地区建立合作机制，并加强大陆与港澳台地区的人才联合培养机制，全力打造国际化、专业化、市场化的高级创意人才和经营管理人才。

5.加强文化产业的体制改革，积极推动文化创意产业的对外开放，把先进的东西引进来，让民族的精华走出去

各级政府应当努力推动文化体制改革，打破国有企业对文化资源和财政资源的垄断，大力鼓励和扶持民营企业去投资文化创意产业。同时，我们应当进一步扩大我国文化创意产业对外资吸引的力度，扩大文化服务出口，大力发展文化创意服务外包，加快推动文化创意企业的海外投资，从而形成具有国际竞争力的文化品牌。

总而言之，文化创意产业的核心在于人才，关键在于人才的"创造力"，也就是说，它能否最大限度地依托于人的创造力并且最大限度地发挥人的创造力。"创意"是产生新事物的能力，这些创意必须是独特的、原创的以及有意义的。在"内容为王"的时代，无论是电视影像这样的传统媒介产品，还是数码动漫等新兴产业，所有资本运作的基础就是优质的产品内容和前所未有的新颖形式，而在竞争中脱颖而出的优良产品恰恰来源于人类丰富的创造力。因此文化创意产业其本质就是一种"创意经济"，其核心竞争力就是人类自身的创造力。阿特金森和科特在1998年提出，新经济时代就是知识经济时代，而创意经济则是知识经济时代的核心和动力。

第四节　文化产业与文化资源

文化产业就是要充分挖掘和利用文化资源，实现文化资源的产业化。要实现这一目标，我们首先要明确文化资源的基本特征。

一、文化资源的基本特征

1.文化资源具有存在样态的丰富性

它既有物质形态，又有意识形态；既有动态文化资源，又有静态文化资源；既有现实文化资源，又有历史文化资源；既有诉诸视觉的文化资源，又有诉诸听觉的文化资源……从各种优秀的文化产品中不难看出文化资源的不可或缺性和不可替代性。

2.文化资源具有社会历史的记录性

凡是叙事性文化产业，如出版业、影视业、演艺业等，它们的故事情节和人物形象往往是产业的核心所在，它们的资源都是源于历史人物、历史事件或者是现实中的人与事。因为文化的自觉性与哲学性，它必须要回答"我是谁，我从哪里来，我要到哪里去"的哲学基本问题，而文化资源恰恰就具有这个特性，能够以其客观的记录去彰显历史的力量。

3.文化资源具有精神价值的承载性

从历史书籍或现实生活中寻找承载道德观念、法制观念、政治观念、哲学观念、宗教观念等，是文化资源的精神力量所在。文化产品的灵魂就是要传递某种价值观，文化资源作为文化产品的源泉，其价值取向和深刻内涵便不容忽略。

4.文化资源具有鲜明的民族特色

文化产业要以增强民族自信心和自豪感为目的。打动人心、熏陶情感、提升境界，是文化产品的最终目的。所以，在文化产品的创作过程中，既要寻求人的共同点，又要寻求人的差异性。所以，一切具有民族特色的优秀文化积淀，都能够成为文化产品可以借鉴的文化资源。

5.文化资源具有可利用的无限性

它是一种无形、无实体的资源，只要人们代代相传，文化资源就不会枯竭，它的时代精神、历史内涵、民族风骨，都会在世世代代的传送中延续下去，并成为文化产品的极高附加值。

二、文化资源的开发、配置存在的问题

目前，我国的文化资源的开发、配置还存在很多问题。

1.文化资源开发不科学

我国目前存在传统文化资源闲置和现代文化资源浪费的情况。我国传统文化资

源丰富，但开发利用不充分、不科学，存在重形式轻内涵等问题，没有充分体现出传统文化的厚重和价值。现代文化资源开发还处于初期阶段，存在急功近利、简单粗放等问题，可持续性不强。

2.文化资源配置不合理

一方面，缺乏整体规划，发展不平衡以及区域封锁、条块分割导致文化资源流动不畅，文化资源的社会属性和共享功能没有得到充分体现；另一方面，市场配置文化资源的作用没有充分发挥，大量文化资源没有得到有效利用，没有转化为文化产品。

3.文化产业发展缺乏创新

创新是文化产业发展的灵魂，但目前很多文化产品内容空洞、形式雷同，缺乏文化主旨和精神内涵。模仿手法和公式化套路催生的低层次文化产品，不仅把文化消费引向庸俗化，而且引发恶性竞争，挤压优秀文化产品发展空间，对文化产业持续健康发展带来不利影响。

三、文化资源科学开发的路径

我国是文化资源大国，但由于存在开发不科学、配置不合理以及产业发展简单粗放等问题，文化资源优势发挥和文化产业发展都很不够。党的十八届三中全会指出，我们要建立健全现代文化市场体系，提高文化产业规模化、集约化、专业化水平。把文化资源优势转化为文化产业强势，必须采取有效措施来解决这些问题，我们要严格遵循文化产业发展规律，科学开发利用文化资源。克服急功近利心态，潜下心来研究、弘扬我国优秀传统文化，从中汲取现代文化创新发展的丰富营养，努力创造富有历史底蕴、民族特色、时代气息的文化产品。应当尽快健全现代市场体系，实现文化资源向文化资本转变。实现文化资源向文化资本转变，必须建立健全现代文化市场体系，完善文化资源市场化配置制度，促进文化资源合理流动、优化配置。同时，加强文化市场监管和调控，明确文化市场主体权责，改进政府管理模式，加强综合执法，规范文化产业运营，维护文化市场公平竞争环境。另外，还要完善产业发展机制，促进资源优势向产业优势转变。实现产业化发展，是文化资源创造价值、造福社会的必由之路。特别是中西文化资源富集地区，把厚重的传统文化资源开发好、配置好、利用好，转化为产业发展优势，是区域文化和经济繁荣发展的重要途径。应完善文化产业发展机制，走集约化发展道路，注重培育品牌，形成自身特色和竞争优势；建设文化产业集群及文化产业基地，形成具有联动效应的文化产业带；引进和培养文化产业人才，完善人才有序流动机制，激发人才创新创业热情；出台扶持文化产业发展的政策措施，以此来促进资源、要素向优势文化产业和企业集聚。

文化是一个民族的血脉和灵魂，是一个国家的综合软实力，是一个社会进步的科学发展力，是一个城市经济发展综合竞争力的体现，挖掘和开发利用丰厚的历史文化资源，大力发展文化产业，是建设文化强国的重要内涵。高质量是文化产品竞争力的核心要素之一，只有生产出高品位、高质量的文化产品，更加注重文化产业的质量和综合效益，合理开发文化资源，才能进一步提升文化的支撑力和竞争力，保障文化产业的可持续发展。

法国学者阿多诺提出，文化产业是"把人们所熟悉的传统文化融入新特质，其产品是为大众消费而特别制作的。它在很大程度上决定了消费的性质并且很大程度上是按计划而制造的"。由此可见，必须采取行之有效的方法，把静态资源赋予创造性的当代精神，使之产品化、消费化、大众化，使之实现从精神到物质、而从物质到精神的一个动态过程。也就是说，要把历史中的文化信息和美学意趣转化为带有当代人理想的商品，而后，通过文化产品的传播价值，对文化产品中所蕴藏的文化精神进行传播和提升，并成为当代文化发展的新动力。文化资源是文化产业的基本基础，发展文化产业必须保护文化资源、促进文化资源的可持续发展，而不能因为文化资源的循环性而采取掠夺式的破坏性开发，否则将使文化产品中的文化含义遭到扭曲和玷污，不利于我国文化的持续发展。唯有努力保护文化资源，科学发展文化产业，才能真正实现文化资源的产业化，并使文化产业成为国民经济的支柱。

第二章 文化产业的发展概况

第一节 文化产业的发展规律

任何事物都有自己的特殊运行规律，文化产业也是如此。文化产业的发展与以往的任何文化事业都不同，它除了具备一般产品的特性以外，在生产方式、流通方式和价值实现等方面都有自己的独特特征。很多人尽管拥有深厚的文化底蕴，却无法经营好一家文化企业，其深层原因就在于他们没有摸清文化产业的发展规律。

文化作为文化产业的核心和灵魂，直接决定了文化产品的内在价值和思想理念，对于文化产品的功能实现和价值实现都有着决定作用，应当予以高度关注。当前，有相当一部分文化企业都陷入了"有文化、无产业"或者是"有产业、无文化"的怪圈，有的一味地追求产品的文化性，其产品古香古色、文化性极强，但对于普通大众而言晦涩难懂，完全提不起兴趣；有的一味地追求经济利益，打着文化的旗号搞食品、搞游乐园、搞房地产等高收益产品，或者是直接对国外相关产品进行模仿和拷贝，完全没有自己的特色和卖点，导致消费者远远提不起兴趣，阻碍了文化企业的进一步发展。所以，发展文化产业，既要注重内容，也要关注渠道，更要懂得文化的价值取向，了解不同文化产品所具备的价值特色，将不同的文化基因注入到文化产品之中去，融入产品生产、贮存和流通的各个环节，使之满足人民群众的文化需求，同时也符合文化产业发展的基本规律。

在改革开放的浪潮中，文化产业只有适应经济发展的内在规律、勇于投身市场经济的浪潮，才能不被时代所淘汰。山东省枣庄市伏里地区的土陶制作工艺曾经一度面临失传的境地，如今借助台儿庄古城文化旅游这一部分，将土陶制作工艺融入到文化旅游的过程中，使之成为台儿庄文化旅游的重要组成部分，不仅为遗产传承人带来了可观的经济收入，更重要的是这门手艺也能够被更多人关注和喜爱，能够一代一代地传承下去。作为大众消费品，文化产品只有进入市场流通领域，接受广大文化消费者的检验，在市场中被购买和消费，才能真正实现其文化价值，带来经济效益和社会效益。文化企业应当严格遵循经济法则和市场规律，把握好文化产业的发展规律，勇于实践，勇于开拓创新，将自己的文化产品拿到市场消费中去检验，依靠自己的力量去获得经济收益和大众青睐，适时地进行改革创新，不断与市场接轨，努力促进机制体制改革，由此才能迎来发展的大好时机。

文化产业发展的基本规律主要体现在以下几个方面。

第一，文化产业是经济形态发展到一定阶段的产物，是知识经济时代发展的必然，也是人们日益增长的精神文化需求所促成的产物。在知识经济时代，知识在社会经济发展中的作用更加重要。此时，文化产业的发展，需要通过产业形态把文化元素转变为以人类的知识和创造力为标准的产业分类。在农业经济形态中，土地是最主要的经济要素，土地的使用为社会提供不断进步的动力；在工业经济时代，资本是最重要的经济要素，以金钱为代表的资本是社会经济前进的基本动力；在知识经济时代，知识则成为最核心的经济要素。此时，只有灵活运用先进知识与科学技术，才能创造出可观的经济收益。文化产业是一种全新的产业形态，能够把经济社会活动中的知识以及人类智慧的作用充分展现出来。在知识经济时代，经济增长方式发生了巨变，它是以知识的生产、创意的激发为主要原动力的，知识在社会中的作用愈加显著。

第二，文化产业是技术、经济与文化相互交融的产物。在全球化的背景下，科学技术以前所未有的态势呈现高度发展。有学者提出，未来经济的发展方向为利用文化产业将艺术文化精品带到人们的生活之中，让更多民众能够享受到文化的熏陶；同时，还可以利用文化产业去解决科技发达后所衍生出的相关产业问题与道德问题，通过文化产业的发展把知识经济带来的有利条件和社会经济发展结合起来。所以，文化产业必须将技术、文化和经济有机结合，以科技手段促进文化创意，并由此推进经济的可持续发展。

第三，文化产业是随着科学技术的发展而发展的，不同国家和地区对文化产业的内容界定存在着差异，但总体而言它的范围是随着科学技术的不断进步而继续扩展的。比如英国对于文化产业的评判标准在于就业人数或参与人数、产值或成长潜力、原创性或创新性三个原则，其范围包括出版、电视广播、电影出版、休闲娱乐、工业设计、数字软件、计算机服务、表演艺术、考古古玩等 13 大门类。很多新兴产业都是以科学技术的发展作为支撑的，比如休闲娱乐软件、计算机服务等，它们都是文化产业的范围。所以说，当前文化产业中的大部分内容都是科技发展的成果。例如通信传媒技术使得大众传媒成为人类文明和文化产业的重要组成部门，日益火爆的网络游戏、工业设计、建筑设计、软件服务等，更是数字技术、信息技术、网络技术等不断发展的新型文化形态。科学技术的进步为文化产业内涵的进一步丰富和拓展提供了极大的空间，由此产生的文化产品对于满足人们的精神文化需求、提高人们的思想文化境界等都有显著的推动作用。

第四，文化产业的发展要立足于地方特色。文化产业是一种知识密集型产业，对客观环境有十分严格的要求。倘若一个地区并不具备发展文化产业的外部环境而肆意发展，那么不但不会实现由文化产业带动区域经济的发展，反而可能会给原本的发展带来损害。根据对发达国家和地区文化产业的发展状况的研究，不难发现，由于世界上各个国家或地区的经济发展水平各不相同，工业化、城市化、现代化的发展进程也各不相同，人均收入和人力资源结构也有差异，就导致了各个区域对于文化产业的概念与范围界定截然不同，发展战略也是各有千秋。不过，尽管在具体内容和形式上有所差异，但各地的文化产业也具有一定的共性，即它们的存在和发展都是根植于地方的文化特色，都充分结合了本地经济的发展实情。因此，文化产业的发展，必须要与各地的经济基础、文化背景、资源特色、文化传统、民风民俗等相互融合。在确立文化产业之前，应当细致分析当地的发展环境，找出适宜文化产业发展以及阻碍文化产业发展的种种要素，在其中寻得平衡点，为确立区域文化产业做好规划，打造文化产业的地方特色及其独创特征，避免各地文化产品有雷同趋向。

第五，集群化发展是文化产业发展的必由之路。集群化指的是产业中相互关联的、在地理位置上相对集中的若干企业和机构的集合，具有很强的群体集聚优势和集聚发展的规模效益。文化产业涉及的范围相对广泛，体系内部门类庞杂，某一文化形态难以通过单独的行为来打造品牌形象和价值体系。目前，很多西方发达国家都在积极应对这一问题，采取各种行之有效的措施来推进创意型人才和企业在空间上集聚，打造各种特色鲜明的文化产业集聚区。文化产业集群是一个从低级到高级的发展过程，其形成过程是从"文化产业在空间上简单集聚"到"企业之间建立业务协作关系，打造文化产业链"，再到"形成具有创新能力和竞争优势的产业集聚区"的过程。文化产业集聚区的发展也是由政府、企业、高校、机构、媒体以及创意人群从"各说各话"到协同合作、专业分工的过程，具有长期性和复杂性。所以，在制定文化产业集聚化的发展策略时，必须要遵守集聚区发展的一般规律，看到该过程的漫长性和复杂性，不要企图一蹴而就。从发达国家和地区的发展经验来看，文化产业的发展离不开集体的互动和企业的集聚，走集群化道路是文化产业快速发展的必然选择。文化产业集群的最大特点在于创意人群生活和工作结合、文化产品生产和消费结合等，环境多样而轻松，地方人文色彩浓郁而独特。

文化产业究其本质，是以一系列具有创意、创造、创新能力的人作为基本生产单位的生产过程，根本原则是以人为本，最终目标是要发挥出人们的创造力，打造出尽可能多的文化精品，净化人们的心灵。文化产品在生产和消费的过程中具有可传播、可孵化、可使用、可复制、可集成的特点，重复的次数越多，文化产品的竞争力就越强，文化产品的价值也就越高。相对于其他产业来说，文化产业具有高度的渗透性、融合性和支撑性，它不是一个独立的门类，而是与各个产业类型都有关联，在各个领域的渗透能力甚至远超工业时代的资本。所以，要发展文化产业，绝不仅仅是开发和弘扬精神文化那么简单，而是要借助文化的力量实现综合而全面的发展。

第二节　国外文化产业的发展经验

美国、德国、日本、韩国等发达国家对文化产业的关注和开发较早，现已获得了极大的发展，在国际上拥有极大的影响力。在国际电影市场票房中，美国好莱坞的电影毫无疑问独占鳌头，在动漫卡通行业，日本则占据着绝对的领先对位。这些国家无论是在原创能力上还是在改造能力上，都具有极大的资源优势。所以，我国要发展文化产业，应当积极借鉴国外文化产业的发展经验，取其精华，为自身文化产业的健康持续发展打下坚实的根基，少走弯路。一般来说，国外发展文化产业的经验主要体现为以下几个特点。

第一，依托各地优势资源，打造特色产业集群。一个国家内部各个城市和地区的文化发展水平各不相同，它们所拥有的资源优势与资源特色也各有千秋，在文化产业的确立和开发方面，应当与城市的功能定位和发展方向紧密关联。文化产业在发展的整个过程中，都应当以当地优势资源和特色资源为依托，打造当地创意集群。例如英国伦敦具有显著的文化产业发展的区位优势，它是英国的政治中心、经济中心和文化中心，是英国与世界各地相关联的核心枢纽，是各种新创意、新理念、新思潮到达英国的第一站，可以为人们了解国际文化产业发展的最新动态和先进经验提供有利条件。另外，伦敦地区高等院校和科研院所众多，教育与科技资源极其丰富，科研质量与科研水平较高，创意人才资源丰富，人口素质较高，拥有发展文化产业的坚实基础。我国可以借鉴伦敦的发展经验，从相似的城市入手，努力打造符合中国国情和时代特点的文化产业。例如北京是我国的政治和文化中心，也是经济最为发达的地区之一，享有文化名城、国际之都的美誉，大型企业众多，是诸多年轻人梦想开始的地方，在这里发展文化产业，应当根据自身经济和社会发展情况对产业结构进行调整，着重发展文化传媒、出版发行、广播电视、影视娱乐、文化演出、动漫卡通、广告会展、古玩艺术、设计创意、文化旅游等行业，因为在这些领域，北京具有天然的地域优势和资源优势，能够以相对较快的速度实现不同产业的有序聚集和共生共存。与北京的发展类似，上海作为中国的经济之都，在国际上享有"东方魔都"的盛誉，魅力非凡，文化产业也有其优越的发展环境：其一，上海位于广阔的长三角腹地，可以借助江、浙两省的文化产业，形成强劲的联动机制，三地创意企业可以各取所长，展开多层次、多渠道的合作，拓展文化产业的市场空间，延伸文化的产业链，形成协作共赢的局面。其二，创新型城市的氛围浓郁，拥有大量创新型企业和创新型人才。其三，环境资源良好，上海及其周边长三角地区作为中国最重要的制造业基地之一，具备得天独厚的发展优势，在功能上能够与其他城市相适应、相补充，集中发展先进制造业和现代服务业，包括工业设计、服装设计、美术设计、广告设计、软件设计等，大力发展建筑创意设计产业，比如市场研究、专业咨询、会展策划等，努力开拓与文化相关的创意设计产业，比如媒体策划、艺术创作、影视制作、动漫设计等，还有与消费相关的创意设计，比如时尚消费设计、休闲旅游设计、婚庆设计等。其四，上海拥有"国际经济中心、国际金融中心、国际贸易中心、国际航运中心、国际创意中心"的功能定位，其发展与所在环境和实地基础相适应，创意设计是其重点发展领域，逐步形成了以咨询策划集群、创意设计集群等为代表的集群态势。

第二，拓宽投资与融资渠道，建立多元化的投资与融资机制。在计划经济时代，我国的经济发展主要依靠政府财政投入，但这种单一的投资形式会导致资金不足、范围狭窄，不利于文化产业的长远发展。纵观当今发达国家文化产业的发展道路，可以看到包括美国、日本、韩国以及中国香港、中国台湾地区等的投资与融资方式正在呈现日益多元化的趋势，既有政府资金投入，也有民间资本投入、上市融资投入、银行贷款投入等。这实现了投资主体和资金来源的多元化，彻底避免了"把所有鸡蛋都放在一个篮子里"的尴尬境地，为文化产业的发展提供了更加有效的资金保障。可以借鉴这种多渠道融资的方法，依据文化产业的市场规律建立健全相关的政策法规，打造各类发展基金，搭建文化产业平台，建立一个成本低、信息灵、效率高的投融资政策机制。当前在北京、上海、南京、杭州等地已经成立了文化产业专项发展基金，用于进行重点项目的资金支持，当然也鼓励相关企业进行银行贷款、民间融资等，并对采取这类形式的企业给予一定的奖励和补贴。另外，还应当充分发挥商业银行信贷资金对文化产业发展的重要作用。可以考虑建立政府、银行、企业的联席会议制度，在政府的监督和管控下，由企业向银行积极且定期推介重点项目；通过贴息引导机制和市场化的项目贷款担保机制，引导银行加大对文化产业集群内企业的投入。此外，政府和相关机构还应当鼓励文化企业运用资本运作的方式筹集发展资金，通过双方自愿的原则，鼓励集群内部企业通过引进战略投资者、吸纳社会资本等形式，推进企业股权的多元化。

第三，制定合理的人才政策，提升产业的集聚效益。发展文化产业的核心在于人才。当今世界，以美国、日本等为代表的文化产业大国，无一不是在对人才的培养和引进方面制定了成效显著的政策，对文化产业的推动发挥了重要作用。目前，中国在文化产业领域存在严重的人才不足的问题，应当效仿国外的先进政策，制定可行性强、成果显著的人才培养和引进机制。一方面，应当建立健全人才培养机制。相关部门应当加强对人才的培养和管理，充分发挥高等院校的阵地作用，重视对技术人才和经营管理类人才的培养，注意产学研三方面的无缝连接，打破学科壁垒，培养适应竞争的复合型"通用人才"。要加强国内外专家和人才的交流合作，加强文化产业海内外顶尖学校和研究机构的交流与合作，培养具有中国特色的高层次的文化产业设计、策划和经营人才，把设计、媒体、艺术、经营等融入各个阶段的教育中，培养出更多、更好的文化产业人才。另一方面，应当制定切实可行的人才引进机制。受当前教育体制机制的影响，人才的培养不可能在一天两天之内就能实现，然而，文化产业发展的脚步不能停止。所以，要加强对创意人才的引进，在培养我国自己的文化产业人才的同时，借助国际社会的力量，与国际文化产业人才交流合作，推动国内文化产业的快速发展。与发达国家相比，我国对于文化产业专业人才的重视程度显得极度不足，必须转变态度，制定切实可行的人才引进政策，在引进优秀人才的同时能够留住人才。首先，对于引进的国内外优秀的创意人才和创意团队，要给予其家属在保险、户籍、住房等方面一定的优惠政策；允许和鼓励一批拥有特殊才能和自主知识产权的人才通过知识产权、无形资产、技术要素等占有企业股份、参与利润分配，让他们享受到更加优惠的待遇，在实现高端人才社会化和普及化的同时，也能够帮助企业留住人才。同时，要进一步整合人才引进政策，强化人力资源开发策略，建立人才引进的"绿色通道"，加强科研工作站的建设，加快研究制定高层次人才引进的配套政策，努力把文化产业园区建设成创意高端人才的"集聚高地"。要实现这一目标，政府要积极指导文化产业的集群发展，注重加强产业链的构建和延伸，提高企业之间的关联度。同时，大中型文化企业作为文化产业发展的龙头，应当通过产业环节的分解，衍生出一批具有分工协作关系的关联企业，更好地发挥出集群的协同效应和信息共享功能。在文化企业内部组织各类产品展会、博览会和交易会，为企业之间的技术沟通和产品交流提供更多机会，加强集群内部企业之间的联系。

　　第四，完善相关政策法规，加强知识产权保护。国外发达国家对于知识产权的法律保护极为健全，这也是为什么在欧美发达国家创新产品源源不断地产出，盗版、翻版几乎没有的原因。在法律政策的保护下，很多文化企业都乐于去研究新的领域，开拓新的产品，做第一个"吃螃蟹的人"，所以他们的文化产业发展也较为健全并且极为迅速。在中国，对于文化专利产品的保护是近几十年的事情，市场上盗版产品屡禁不止，对原创企业造成了极大损害。近年来，我国对知识产权的保护越来越重视，陆续出版了与知识产业保护相关的各类法规政策，比如《专利法》《商标法》《著作权法》等，这样的法律文件与其他与版权和知识产权相关的法律文件包括《计算机软件保护条例》《关于计算机预装正版操作系统软件有关问题的通知》，共同构成了我国文化产业知识产权的法律保护体系。不过，与发达国家的法律体系相比，我国文化产业的知识产权保护还存在这样或那样的问题，比如法律法规不系统、内容相对滞后，具体措施无法应用于文化产业保护的特殊需求，知识产权管理部门效率低下，诉讼程序烦琐，导致知识产权保护法律成本过高等，挫伤了创意个体的原创动力，在相当程度上阻碍了文化产业的健康发展。所以，加强以知识产权保护为主体的法律建设，建立健全与文化产业相关的各项制度与政策，是营造文化产业良好发展环境的关键，必须予以高度重视。

　　从世界文化产业的发展规律和文化创意产业集群的发展趋势可以得到启示，为中国文化产业的发展提供有效的参考和有益的借鉴。但是，在实践过程中，必须灵活运用这些规律和经验，因地制宜，做大、做强我国自己的文化产业。任何行业的发展都要遵循一定的规律，文化产业也有它自己的发展规律。所有文化产业强国的文化产业发展历程都说明，文化产业的很多内部规律是相通的。作为一个发展中国家，中国正在向这个朝阳产业迈进。必须学习和恪守这些规律，保证中国的文化产业又好又快地发展。

参考发达国家发展文化产业的经验，必须做到以下几点。

首先，要勇于冲破旧观念，尊重社会的价值取向，鼓励新生事物的产生和发展。在文化产业的发展过程中，许多干部态度呆板，把文化的发展局限于意识形态领域内，只注重文化的宣传功能，而忽视了文化的产业属性和娱乐功能。有些人甚至根本不理解文化的双重属性，自然也就认识不到文化产业可以成为国民经济的崭新增长点，乃至成为国民经济的支柱产业。有些人一提到文化产业，就认为这是一种只有投入、没有产出的项目，是一种依靠政府资金投入的项目；有些人不明确公共文化和商业文化的差异，认为所有文化形态都是纯公益性的，都要靠政府的单一投资；有些人的思想仍停留在计划经济时代，认为文化产品的消费都可以靠"大锅饭"解决，没有个人的深层次和多样化的需求。这些现象在文化产业的发展中，都是源于错误的陈旧观念。在新时期，要敢于突破旧观念，继续发展生产力，深化体制改革，正确理解文化的双重属性和双重功能，使经济和文化可以相互促进、相互整合、集成开发。要坚决从旧的观念中解放出来，坚决破除各种关于文化产业的错误观念，为文化事业和文化产业的发展创造更加有利的社会环境。同时，要充分尊重当前社会的价值取向。目前，中国正处于社会转型时期，社会价值观念发生了深刻变化。在计划经济体制下，管理模式高度集中，行政指导极度密切，社会价值取向呈现出高度的政治化特征。从计划经济向市场经济的转变是一场深刻的革命，是一场源自经济领域的基础变革，是一个从传统向现代的迈进，要求不断提升自己的价值体系。当今社会的价值取向由单一走向多元，由务虚走向务实。在文化产业的发展过程中，要充分考虑和重视社会价值取向的变化，尊重当前社会的价值取向，使文化产业的发展适应这种价值取向，并依托这种价值取向实现文化产业的价值。

其次，要严格遵循市场经济的运作规律，保证文化产业的发展与社会经济发展相适应。马克思指出："科学、艺术等，都不过是生产的一些特殊形式，并且受生产的普遍规律的支配。"文化产业是对文化产品和文化服务的生产与消费，所有文化产品只要投放到市场上，就会成为一种商品。文化产业的发展也必须遵循商品生产的普遍规律，即生产、分配、交换、消费这四个步骤，必须接受文化资源配置、文化市场供给与需求以及投资与回报等一系列市场杠杆的调节。也就是说，文化产业的生产要遵循价值规律，接受价值规律的调节。一直以来，我国的文化产业走的是一条依靠政府财政拨款、行政指令性管理、按计划生产和服务的道路，它只适用于以往的计划经济时代，如今我国处于社会主义市场经济时代，那种发展模式必然与经济社会的发展不相适应，也违背了市场经济的运行规律，必然无法取得良好的效果。市场化经营是文化产业的一个运作规则，必须遵循市场经济的规则，人为地违反这个行业的规则终将导致失败。同时，也要适应社会经济的发展情况。事实证明，社会生产力越高，经济越发达，人们的闲暇时间越多，文化产业的消费需求越大、消费能力越强。改革开放以前，我国的社会生产率低下，相应的，文化市场也就不繁荣、不景气。改革开放以后，随着中国经济的快速发展，人们的生活已经向小康社会迈进，文化消费日趋繁荣，文化产品的生产与消费仍有巨大的拓展空间。发展文化产业，要抓住机遇，快速生产出符合当前国民经济发展需要的健康向上的文化产品，以满足广大人民群众日益增长的精神文化需求。

最后，应当立足于传统文化积淀，面向世界、面向未来。中国作为世界文明古国，拥有五千多年灿烂的历史文化，中国的传统文化是中华儿女的祖先们为子孙后代留下的珍贵礼物，是中国人世世代代丰富的精神文明的传承，不仅要好好把握，更要懂得积极发展和传承。具有中国特色的文化产业不仅要立足于中国自身的传统文化，也要具备带有国际文化自信的战略眼光，以国际文化视野，进行文化的国际输出。党的十六大报告明确提出了对中国文化产业发展的战略构想，党的第十六届中央委员会第五次全体会议则重申了发展文化产业的战略原则。在全球化的背景下，应当秉承改革开放的基本精神，积极参与全球竞争，弘扬民族文化，在文化产业的发展过程中，积极应对各种文化冲突，努力寻求共同点，实现多元文化的和谐发展，以文化发展促进国民经济和社会发展。许多发达国家将文化产业纳入国家发展的战略高度，比如世界公认的第一大文化产业大国美国，在美国的前四百强企业中，有七十余家是文化产业企业，文化产业的年生产总值占国民生产总值的三分之一。英国也是世界文化艺术最为瑰丽也坡为丰富的国家之一，每年的文化产业产值接近六百亿美元，占国民生产总值的11%。我国作为文化大国，应当树立"文化强国"的战略，鼓励先进文化走出去，把优秀传统文化发扬光大，提升我国在国际上的文化地位，促进经济、文化、社会的协调一致发展。

第三节　我国文化产业的特殊性

一、我国文化产业的特色成果

改革开放以来，特别是进入 21 世纪以来，我国文化走出去的呼声不断提高，文化产业的发展也呈现出独特的中国特色，取得了一系列显著成果。具体而言，我国文化产业发展的现实成绩有如下几个方面。

第一，文化产业在 GDP 中的占有量不断提高。GDP 占有量是衡量一个产业发展速度和发展贡献的重要尺度。近年来，随着民族文化产业的稳步发展，各省、市、自治区由于文化资源和发展基础的不同，经济表现也有所不同。从 2004 年至今，各省、市、自治区的文化产业普遍快速增长，年均增长率达到 17.4%，北京的文化产业年增长率为 15%，上海为 24%，江苏为 20%，广东、湖南、山西等地的增长率也超过 20%，其他地方文化产业的增长率均高于 GDP 增长率，基本实现了文化产业的跨越式发展。此外，文化产业现已被纳入国家发展战略。1996 年初，云南省和江苏省相继提出"文化大省"的建设目标；2000 年，浙江省系统介绍了文化大省的建设规划，开创了我国文化大省战略目标的先河。随后，广东、山东、江西、甘肃、四川、河南、山西、河北、陕西、辽宁、黑龙江等省份纷纷提出建设文化大省的战略目标，对文化产业进行统一规划。社会主义文化现已进入发展和繁荣的新时期，许多省、市、自治区将建设文化强省纳入到经济文化建设的总目标中。到 2009 年，全国已有 29 个省、市、自治区制定了文化产业发展规划，到"十一五"时期，发展文化产业已成为许多地区党政领导的首要任务。

第二，文化产业作为新兴业态正在不断扩大。业态作为经济术语，主要指企业经营的形式和状态。随着科学技术的发展和人们文化消费需求的进一步扩大，催生了一系列崭新的文化业态。随着高新技术和数字技术的普及，我国社会中出现了越来越多的新型文化业态，与时代特征密切相关。新业态的形成，不仅成为文化产业的新增长点，也促成了各类文化产业的融合，加快了文化科技联盟的步伐。信息技术和文化产业相结合的数字内容产业，为艺术家的创作提供了全方位的新平台，各种科技、艺术媒体与文化内容集成到数字技术之中，使艺术家创造出许多富有时代气息的独特数字艺术产品。与数字创意相关的网游、动漫、计算机图形、软件设计、影视作品、数字媒体等系列产业链的价值已经大大超过传统文化产业，成为文化产业之中最具竞争力的部分。具备综合信息技术的数字文化产业催生了包括视频音频、互动装置、虚拟现实、网络艺术、多媒体、计算机动画、影视广告、网络游戏、数字设计、数字插画、数字特效、DV（数字视频）、数字摄影和数字音乐等在内的崭新文化业态。再如随着技术创新步伐的加快，国内大型传统出版业开始积极寻求变革，加快数字化转型，数字媒体发行产业集团成为出版业的重要组织形式。2008年，中国出版集团投资1 000万元成立中国出版集团数字传媒有限公司，该公司充分利用集团的政策优势和资本优势，成为数字出版资源聚集团成员单位。首先在集团实现"建设、共享、共赢"的发展目标，按照既定的商业模式和工作需求，实现资源和市场的增值效应，实现经济效益与社会效益的双赢。

第三，文化产业的园区机制在不断完善。中国共产党十六大提出积极发展文化事业和文化产业，深化文化体制改革，中国迅速形成了从政府到民间社会、从学术到产业的文化产业浪潮。由于文化产业更加"中立"，更具有"灵活性"，许多城市纷纷围绕经济规划展开工作部署，相继出台扶持文化产业发展的优惠政策。创建"文化产业园区"是一项重大举措。文化产业的企业经营机制逐步建立，完善文化产业园区经营机制，运用企业经营资本运作，是园区有序发展的根本出路。这种方式是指要建立一个园区资产管理公司，科学运用政府的资本投资、土地投资和政策投资等资本去发展业务，进一步开发相关领域。管理公司通常拥有公司股份三年，待企业培育成熟之时，管理公司就会进行股本回购或转让股票出售股份。文化产业的发展方向更是如此，随着人们对文化产业和文化产业发展规律的认识不断加深，创造工业园区更加符合当地的实际情况和市场的基本条件，产业发展方向更加科学，企业事务更加务实，发展速度也进一步提升。另外，文化产业园区的定位也更加准确、更为集中。近年来我国各大省市成立了一系列动漫园区、主题公园等文化产业园区，展现出巨大的发展空间。例如广东省创建了两批共18个文化产业园区，其中涵盖了文艺服务业、新闻出版业、音像制品业、电影业、文物行业、工艺品行业、文化旅游业、设计业、动漫产业、文化产品制造业等领域，充分体现了广东文化产业完善与精准的产业链发展的特点。此外，完善的文化服务体系正在形成，在完成创新和产业发展导向运作机制的基础上，文化产业园区管理的主要任务是建立健全服务体系，通过合理支配园区资产来管理公司，成立由大量专业人员组成的服务团队，为企业提供核心服务。这些专业人员覆盖各个领域，一人一岗，明确分工，相关的服务岗位包括文化产业商务指导员、信息协调员、合同经理、信息管理技术人员、行政人员、培训技能指导员、市场营销活动策划人员、网站协调员、文化产业启动指导、融资经理、文化事业教员、主管高管、创意数字顾问等。不过，这些服务都不是免费的，而是将服务转化为管理公司的股权投资来维持服务的水平和效率，这也很好地保护了专业服务人员的利益，有利于吸引高端人才入驻园区，以确保企业得到高标准的服务，促进企业快速发展。

第四，文化产业的龙头企业初步形成。近几年来，从各省市文化产业的发展规划可以看出各地龙头企业已经成为当地文化产业发展的重要动力。龙头企业快速稳健发展，不仅为当地创造了良好的经济效益，提供了大量的就业机会，也有效地通过文化产业的发展，促进了区域经济发展。几年前，我国某省希望组建一个分销集团，整合图书分销资源，但当时新华书店开始在各县市区展开系统管理，不愿放弃原有的行业地位，还有一些县市甚至把新华书店作为支柱产业，使这一设想在当时很难实施。这种情况在电影领域也很普遍：一家电影公司在成立以后，积极吸收邻近省份的放映单位加入，却处处碰壁，因为邻省的普遍做法是要求省内电影公司只能加入本地院线，即便有些电影公司已经负债累累，也不能与外地院线合作。《文化产业振兴规划》明确提出要"推动跨地区、跨行业联合或重组，培育骨干文化企业"。而事实上，随着壁垒的破裂、文化资源的重新融合，中国逐步具备了打造当地"文化产业航空母舰"的充分条件。从现实情况来看，由于世界金融危机的冲击，大量的资本开始涌向文化产业，文化产业则凭借科技含量高、环境污染小、资源消耗低、符合国家产业结构调整以及转变发展方式的需要等优势，迅速集聚了大量资金，诸多文化企业抓住机遇，积极打造品牌企业、品牌产品，力争实现产品和服务"几何成长"。不过在文化企业呈现雨后春笋般增长态势的同时，应当努力避免"一哄而上"的情形发生。在实现文化资源整合的过程中，要防止三个现象：一是文化产业的集群不要盲目追随潮流，文化资源整合需要市场支撑，不能被迫使用市级甚至县级行政手段盲目成立文化集团，如果不根据市场一哄而上、重复建设，文化产业发展可能会遇到较大的障碍；二是文化产业的集群要追求合作共赢，不能只是为了追求简单组合而捆绑在一起，而是要形成"合作社"的发展模式，达到实质性融合的目的；三是要避免行业内没有运营商和管理层的情况，要尽快培养文化产业的 CEO 及相关管理人员和营销人员，让文化产业领域的专业人才去发展文化、促进文化。

第五，越来越多的资本投入到文化产业之中。资本是企业发展的根本，广大文化创意企业在长期融资的过程中要积极寻求强大、优质和持续的资金合作。鼓励资金投入文化产业，建立合法、有效、平稳的投融资机制，对文化产业的健康持续发展具有重要意义。创业板块带来了新的融资机会，《文化产业振兴规划》在政策措施中特别提出要加大对文化企业的财政支持力度，并表明应当支持合格的文化企业进入创业主板上市融资，鼓励文化企业通过公开发行、私募融资等并购融资手段上市，并迅速做大做强，支持合格的文化企业发行公司债券等。华谊兄弟上市创业板，是文化产业为了顺应这种发展趋势所做的具体行动。除了创业板本身作为国家创新战略为多层次资本市场体系建设提供了融资平台建设的作用以外，其开创性意义还在于它对民营文化企业及其增长潜力的认可，体现出对未来将有越来越多的文化事业单位以及多元化的资本平台的展望和信念。建立和完善文化产业投融资体系，建立资本市场，这是中国文化产业实现更好、更快发展的必然要求。《文化产业振兴规划》的发布标志着文化产业已经上升到国家战略层面，确立了文化产业在国家经济中的重要地位。随后，文化部出台了《加快文化产业发展的指导意见》，确定了表演艺术产业、动漫产业、文化娱乐产业、游戏产业、文化产业、文化旅游产业、艺术工艺产业、艺术创意与设计产业、网络文化产业、文化产品数字化生产及相关服务产业十大重点领域，并明确了各个领域的发展方向。对于这些新兴领域，文化界给予了高度重视和极大关注，相关企业应当及时掌握发展信息，准备把握时代脉络，制定适当的推广方式，尽快培育文化产业新的增长点。此外，政府部门应当共同建设融资平台，打破文化企业的融资难问题，文化部门和金融监管部门应当对文化产业的发展策略和发展方式给予有力的资金支持和政策扶持，为文化企业的进一步扩大提供资金保障。

第六，文化产业的人才培养模式在不断更新。正如文化学家布迪厄所说："任何特定的文化能力都会依靠它在文化资本分布中所占的位置，获得一种超常的价值，并给它的拥有者带来可见的利益。"在文化产业中，人力资本是文化资本的核心要素。然而，中国文化产业起步较晚、规划不足，存在人才资源严重匮乏的情况，极大地制约了文化产业的持续发展。目前，文化产业人才教育方面仍存在布局不合理、市场需求不明晰两大难题。为了改变这种状况，教育部门从纪律导向和市场需求入手，调整并完善布局，创立相关专业及学科，培养出一批具有实际应用能力的人才。文化产业整合强调"多方面协同发展"，文化产业是一个综合性的多元文化集团，强调全面性、包容性、跨领域、跨学科的发展。发展文化产业，必须充分利用各个区域丰富的文化资源和独特的文化优势，振兴区域文化，为区域的经济发展和社会发展服务。同时，要努力保持自然文化生态系统的完整性，向民间艺术进行深度挖掘、科学整理、持续研究和继承发展，努力打造缤纷多彩的民间音乐、民族舞蹈、民间戏剧等民间艺术形式。文化产业，最终的定位在于"产业"。因此，文化类专业的学生不仅要学习文化产业的基础知识，还要勇于付诸实践，在实践中应用所学知识，以实践去解释文化和创意在经济发展中的重要作用，学生应当在理解理论知识和专业知识的基础上，积极参与文化产业实践的第一线，并积极参与展览、动画设计、电影电视制作等文化产业生产实践。只有身处实际创作的前沿，才能真正体会文化产业的本质。政府、学校、社会组织和相关企业单位应当加强新型文化产业人才的建设，在全社会建立尊重知识、尊重人才、鼓励创新的环境和氛围，不断扩大培养创新型人才的课堂，使具备创新能力的人才脱颖而出。

二、我国文化产业的独特难题

当然，在看到上述发展成果的同时，也应当明确文化产业在中国发展的初级阶段，认识到它在中国存在的一系列问题，看到文化产业在中国发展的特殊性。具体如下。

第一，我国文化产业供求关系水平不佳且非对称结构性矛盾相对突出。我国的文化市场已有了长足的发展。改革开放以来，特别是 20 世纪 90 年代以来，一方面，经济社会生活各方面条件迅速改善，人民群众的文化娱乐需求正在被迅速释放；另一方面，各种新型文化产业门类不断产生，文化产业结构性变化频繁。但是现有统计数字显示，我国文化产业还处在一种低水平供求平衡和非对称结构性矛盾的状况之中。从绝对值来看，我国居民的文化消费需要与文化产业部门的供给之间并没有很大的出入。文化市场的现状只是一种低水平的供需平衡，更何况，由于还存在着各种体制性问题，所以它还只是一个存在结构性矛盾的、非对称性的平衡。我国文化产业部门所提供的产品，有相当一部分不能满足人民群众日益增长和不断变化的文化消费需要。文化产业国际化的进程出人意料地加速，我国文化市场已经暴露在国际文化资本的强大压力之下，我国改革开放 30 多年积累的经济和文化之果已经成为国际文化资本垂涎的目标。

第二，我国文化产业经营单位众多但产业组织集约化程度不高。面对大量的市场需求，以及国际传媒文化集团大兵压境，我国的文化产业在总体上缺乏竞争力，难以满足人民群众不断增长的文化需要。我国的传统文化产业诞生于计划经济体制之下，长期以来既被行政体制分割又被各种政策保护。在这种情况下形成的总体格局，表现出经营单位众多、产业集约化程度不高、资源极度分散和不讲经济效益的突出特点。在文化市场迅速成型的今天，这些特点全部转化为弱点。资源分散和集约化程度低的问题在新闻出版和广播影视业中表现得极明显。我国新闻出版体制与传统工业经济管理体制有共同特点：新闻出版单位必须是以一定级别的行政机构为"上级单位"，并且建立在其财政拨款的基础上。这些新闻出版单位一旦形成就被固化，既不能淘汰也不能重组；新的需求一般产生于新的行政机构，通过新的拨款来建立，同样是先天不足。长此以往，新闻出版机构就随着行政机构的膨胀而膨胀起来。这些新闻出版机构大都规模狭小、重复建设、效益低下，既不能满足人民群众的精神文化需要，又造成了资源的闲置和浪费。近20年来，特别是近10年来，有关方面一直在尝试对文化管理体制进行多方面的改革实验，但是基本状况并没有根本性改变。

第三，我国文化产业的传统的资源配置机制与市场化要求之间正在形成尖锐的矛盾。近年来，我国文化产业的体制改革开始进入"快车道"。但是，资源配置机制混乱，条块分割和行业壁垒与市场化要求之间的矛盾仍然困扰着我国文化产业的发展。文化产业的基础是市场，现代市场经济要求公开、公正和公平的竞争，反对各种形式的地方保护和垄断；我国传统的文化事业单位是按"条块"分割的方式设立的，地方和行业一纵一横，目前尽管已经在不同程度上开始与行政主管部门脱钩，实行"专业归口管理"，但是，离真正的市场竞争还有相当的距离。甚至还有一些企业利用与行政机构的传统联系，利用企业特殊的社会公益性质和意识形态功能，垄断资源，操纵市场，牟取暴利；而另一些文化企业在做大以后，要做跨行业跨地区的资产重组甚至兼并，却往往会遇到阻力。这样一来，文化产业的发展就与深层次改革问题相遇了：文化产业是一个特殊的产业，既具有一般的行业属性，又具有社会公益性质。其中的核心产业门类如传媒产业，既具有大众传媒的特点，又是党和国家的宣传渠道。如何基于这些特点做出制度性的安排，既按照市场经济的一般规律健康发展，又保证先进文化的主导作用，这是一个全新的问题，需要以创新的精神大胆开拓。但是，保证广大人民群众的文化权利是一个更为根本性的问题，也是我党和国家确保对社会主义文化事业领导权的基础。在数字化信息技术的冲击下，传统传媒制度的经济基础和技术基础已经发生了变化，人民群众的文化权利的实现方式也已经发生了变化：越来越从以国家行政机制为中介的非自主方式，转向以市场为中介的自主选择方式。这就要求我们积极探索在市场竞争条件下发挥传统政治优势的新办法。当然，也要看到，在出现了全球性的"传媒汇流"和"放松管制"之后，由于文化内容产业发展的不平衡，甚至是西方发达国家也在重新考虑如何以新的产业政策、新的制度性安排对待文化内容产业的问题。保护民族文化遗产，弘扬民族文化传统，确保民族文化安全，但做得仍不够好。

第四，先进性要求与文化原创能力不足之间形成战略矛盾，资源潜力不能转化为产业实力。发展我国的文化产业还是有一些得天独厚的条件。首先是中国文化有巨大的影响力，汉语是世界上使用人口最多的语言，中国悠久的历史文化除在中国境内，还在东南亚、北美及欧洲的华人区都具有广泛的影响。这应该说是中国的文化企业进行市场开拓的最有利条件，因为语言和文化的差异一直被认为是经济全球化和国际交往中的最大消极因素。在经济学的垄断竞争理论中，保持产品差异被认为是维持产品在市场上的垄断力量的关键。文化产品的差异首先是来自价值观及表达手段的独特性的；文化差异也是我们在国际竞争中和在赶超发达国家时可以依赖的比较优势。从生产要素的角度看，中国的文化资源异常丰富，举世公认。几千年乃至更长时间的文明发展，幅员辽阔的国土上还留存着许许多多的历史文化遗址、遗迹，还有各种类型的自然地理、人文地理景观；图书馆、博物馆里保存着数以百万计的艺术珍品、典籍和文物；中国人的言谈举止、风情习俗、节日庆典中保留着大量有形无形的文化符号；中国的人文社会科学学者对传统文化进行了不间断的研究和播传。凡此种种，都为中国文化产品乃至其他可以负载文化符号的耐用消费品的设计、生产、创新提供了不竭的灵感源泉。但是仅仅满足于此仍然落后于时代。当今世界，文化已经具有原生形态、经济形态和技术形态，新兴文化产业得益于资本市场和信息技术两驾马车拉动，才有了前所未见的高速度，才将大批文化资源转化为产业和财富。我国正是在上述两个方面都显得被动和退钝。文化遗产数字化是将民族文化资源转化为新兴产业基础的一个关键环节。目前，"文化内容革命"正在世界范围内展开。世界各国为迎接信息时代的到来，正大规模地将文化遗产转换成数字化形态。向数字媒体转移是将传统文化资源开发为经济资源的必要步骤，实质上是为空前规模的产业整合准备条件，具有巨大的经济意义。国际性信息技术集团和文化传媒集团早已开始着手整合世界各国的数字文化资源，为开发新的世界市场做好准备；中国文化资源关系到对中国文化产品市场的占有，这块市场他们觊觎已久。

第五，各种规制与现行中国文化产业政策支持系统之间的矛盾。由于我国不同领域里的现行文化管理与文化产业政策主要是由政府的不同行政主管部门制定并以政府的名义发布的。因此，行业和部门的利益保护色彩比较浓重。这样一来，在整个政策的价值规定、功能及政府对社会文化资源的权威性分配中，应有的公共性、公正性和公平性就比较差。由于各种措施并未从根本上解决我国文化产业发展在体制和制度上一些根本性的问题，如行政垄断、市场准入、投资主体多元化、文化企业产权关系改革等，因此，旧有的矛盾不仅没有消除，还进一步激起了新的冲突。同时，由于原有的文化政策系统并未因机构的改革和文化行政主管部门的合并而失去政策效能，还出现了新机构执行旧政策，形成"新瓶装陈酒"的现象。在有的地方和领域，文化行政权力在资源重组和优化配置的名义，出现了前所未有的高度集中，这种权力的高度集中，使得从计划经济向市场经济转型过程中制定的文化产业政策不仅没有失去原有的制度基础，反而获得了新的支持。我国文化产业管理部门已经提出"大文化管理"的思路，但是由于缺乏政策系统的创新支持，预期的改革效果并未出现，于是政府也就难以实现从"办文化"向"管文化"的战略转变。

文化产业是一个特殊的产业，而且目前还处在发展和转型过程中，因此，存在的根本性问题还是体制性的。据中国报告大厅发布的《2013—2017 年中国文化产业运行态势及投资战略研究报告》显示，任何国家的产业政策的基点无一例外地分为两个"以市场为基础，以政策为导向"，我国文化产业的生存和成长更是处在一个极其特殊的环境之中。在一定意义上，今天对文化市场和文化产业的认识，以及依此制定的文化产业政策，将影响着今后相当长一个时期我国文化产业的发展，并还会进一步影响我国整个经济产业结构的调整和升级。随着国家《文化产业振兴规划》与《文化部进一步加快文化产业发展的指导意见》的出台，文化产业的发展迎来了一个新的春天，至此文化产业已经全盘进入国家发展战略，成为政府施政的重要内容之一，也成为我国经济、社会、政治、生态等领域可持续发展的有力支撑点。

第四节　我国文化产业的瓶颈分析

一、我国文化产业的发展历程

我国文化产业大致经历了三个发展阶段。

第一，1978 年至 1992 年，这是我国文化产业发展的筹备阶段和准备阶段。

1978 年改革开放以来，我国的国民经济逐步复苏，促进了文化生产力的发展，直接促进了文化市场的复苏。文化市场在 80 年代后期取得了初步进展，广东省出现了大陆第一家音乐咖啡厅，标志着中国文化市场的诞生。后来，随着歌厅、舞厅等娱乐场所的不断涌现，中国文化市场逐步具备了现代形式。在中国香港和中国台湾地区的音乐文化渗透的影响下，内地的表演艺术和视听产业发展迅速。文化产业的兴起已经成为改革开放初期的重要社会特征。但是，在中国文化市场初步发展的背后隐藏着复杂的文化体系之争，计划经济时代的计划分配制度严重制约了文化产业的发展，相应的文化体制改革迫在眉睫，这是加强文化市场管理、促进文化产业健康发展的必然举措。1985 年，国家统计局颁布《关于建立第三产业统计的报告》，把文化艺术作为第三产业的重要内容列入国民生产统计之中。1987 年，文化部、公安部、国家工商局联合发出了《关于改进营业性舞会管理的通知》，首次确立了营业性舞会的合法性质，同时也从法律的角度确认了文化市场的合法地位。1991 年，《文化部关于文化事业若干经济政策意见的报告》中正式提出了"文化经济"的概念。1992 年，党的十四大报告明确提出要"完善文化经济政策"；同年，国务院办公厅出版发行《重大战略决策——加快发展第三产业》一书，明确提出了"文化产业"的说法，这大概是我国政府部门首次使用"文化产业"的概念。

第二，1993 至 2002 年，这是我国文化产业的正式起步阶段。

1992 年党的十四大召开，明确了市场经济体制的改革目标，为文化产业发展创造了有利的外部环境，为文化市场在规模和数量方面的扩大创造了有利条件，随着国民经济的发展，居民生活水平不断提高，物质生活日益丰富，人们对精神文化消费的需求不断增加，歌剧文化、音乐会、网吧、舞厅等文化产业构成了新兴的文化市场，是文化产业发展的重要组成部分，也为中国文化市场的初步繁荣注入了新的活力。同时，文化体制改革也在逐渐进行，文化部、中宣部和广电总局通过政策手段推动了中国的出版业、广播电视业等文化产业的发展。

第三，2002-2012 年：文化产业快速发展期。

2002 年党的十六大提出区分文化事业和文化产业，国家对文化产业发展进行宏观扶持，文化产业实现快速发展。2004 年起国家统计局开始对文化产业进行正式统计，当年我国文化产业增加值为 3 440 亿元，占 GDP 的比重为 2.15%。至 2012 年，文化产业增加值达到 18 071 亿元，占 GDP 的比重上升为 3.36%。我国统一开放、竞争有序的文化市场体系得到确立，规模进一步扩大，呈现出门类齐全、层次多样的特点。除传统的新闻出版、电影电视产业之外，我国演出市场开始形成并达到相当的规模。文化产业在国民经济中的地位不断提升。

第四，2012 年至今：文化产业改革提升期

党的十八大提出要将文化产业发展为国民经济支柱性产业。十八大以后我国以公有制为主体、多种所有制共同发展的文化产业所有制结构基本形成，覆盖城乡的文化消费和文化服务体系基本建立。文化市场主体快速增加，文化产业规模持续扩张，至 2017 年我国文化产业增加值达到 34 722 亿元，规模以上文化及相关企业达到 5.5 万家，实现营业收入 91 950 亿元。这一时期文化产业业态出现新特征，文化产业发展与互联网、旅游、体育、康养、房地产等高度融合，尤其是随着移动互联网的飞速发展，网络文化产业全面崛起，传统的文化生产和文化消费模式出现颠覆式变化。我国文化产业在改革中焕发出新的生机，深度、广度和影响力不断延伸扩展。

二、我国文化产业的发展情况

（一）我国文化产业的总体情况

根据《文化及相关产业分类》以及相关统计年鉴数据统计，截至 2013 年，我国文化产业发展的总体情况如下。

从发展规模来看，截至 2013 年，中国文化产业增加值为 21 351 亿元，占 GDP 的比值为 3.63%。其中，"文化产品的生产"创造的增加值为 12 695 亿元，占 59.5%；"文化创意和设计服务"创造的增加值为 3 495 亿元，占 16.4%；"文化相关产品的生产"创造的增加值为 8 656 亿元，占 40.5%。文化产业法人单位实现增加值为 20 081 亿元，比上年增加 2 010 亿元，增长 11.1%，比同期 GDP 现价增速高 1 个百分点。文化单位机构数达 29.29 万个，文化文物部门实现总收入 1 331 亿元，文化产业从业人员达 215.49 万人，占全部从业人数的 0.28%。

从资产投资来看，受到文化政策和发展形势的影响，近几年来资本加快投入文化产业，我国文化产业投资领域取得了较好的成绩。2013 年我国文化及相关产业固定资产投资资金达 19 862 亿元，比上年增加 3 605 亿元，同比增长 18.15%，新增固定资产 12 165 亿元，固定资产交付使用率达到 63.9%，比上年同期增加了 2.7%。2013 年，我国文化及相关产业固定资产投资达到 19 046 亿元，比上年增加了 3 404.3 亿元，同比增长 17.87%。

从文化消费来看，2013 年我国城乡居民文化消费支出总量进一步提升，城镇居民人均现金消费支出为 18 022 元，人均文教娱乐消费支出达到 2 294 元，文教娱乐支出占现金消费支出的比重达 12.7%。农村居民受生活水平等因素的影响，人均现金消费支出为 6 112 元，人均文教娱乐消费支出为 485 元，文教娱乐支占消费支出的比重仅为 7.9%。城乡居民在文化消费这一方面还存在较大差距，从消费价格指数来看，文化娱乐用品及服务的价格指数在城市为 102.6，在农村为 102.8。

从文化进出口来看，2013 年尽管国际上处于经济低迷时期，国内经济结构也面临大幅度调整的局势，但文化产品的进出口依然取得了显著成绩，其中核心文化产品进出口总额达到 274 亿美元，出口额为 251 亿美元，进口额为 22 亿美元，贸易顺差额为 228 亿美元，进口额同比增长 46%。

从文化产业的不同行业或者不同领域来看，文化制造业增加值 9 166 亿元，占 43%；文化批零业增加值 2 146 亿元，占 10%；文化服务业增加值为 10 039 亿元，占 47%。从各行业内部来看，2013 年，规模以上文化制造业单位数达 18 076 个，年末从业人数达 498 万人，资产总计 26 796 亿元；限额以上文化批发和零售企业单位数达 7 617 个，年末从业人数达 50 万人，资产总计 7 236 亿元；规模以上文化服务业单位数达 15 658 个，年末从业人数达 205 万人，资产总计 25 537 亿元；售企业单位数达 7 617 个，年末从业人数达 50 万人，资产总计 7 236 亿元；规模以上文化服务业单位数达 15 658 个，年末从业人数达 205 万人，资产总计 25 537 亿元。

（二）我国文化产业主要领域的发展情况

其一，新闻出版行业的规模在不断扩大，截至 2013 年，我国共有出版机构 583 个，从业人员达到 68 928 人，出版图书总印数 831 048 万册，比上年平均增长 4.64%，发行期刊 327 243 万册，发行报纸总数 4 824 132 万份，音像制品 40 604 万张。电子出版物作为新兴的文化传播媒介，发行数量高达 35 220 万张，比上年同期增长 25%。

其二，广播电视电影行业在内容上越发多样化，形式上也是不断突破，从业人数和节目总量都在不断增长，截至 2013 年，我国广播电影电视从业人员达到 85 万人，全国有线广播电视用户数达 22 894 万户，有线广播电视占家庭总户数比重为54.1%，全国广播电视节目凌盖率 97.79%，电视节目综合覆盖率为 98.42%。

其三，文化艺术业及文化遗产保护行业是文化产业的新兴内容，具有内容丰富、形式多样的特点。我国文化部门积极组织艺术品生产、创办各类艺术品展览，鼓励各种经济形式的资金投入到文化艺术行业之中，为其发展注入了新的活力。截至2013 年，我国共有群众文化机构 44 260 个，从业人员多达 16 万人，组织文艺活动达到 740 611 场次；艺术表演机构数最为 8 180 个，比上年同期增长 10.5%，从业人员数量为 26 万人，国内演出场次为 165 万次，观众人次超过 9 万次；艺术表演场馆共计 1 344 个，从业人员 26 036 人，国内演出场次 83 万次，观众人次 7 776 万人次。另外，我国的文物遗产保护工作也在如火如荼地进行当中，国内共计文物保护和研究机构 2 924 个，从业人员 40 557 人，实现收入 103 亿元。文化旅游方面发展势头良好，国家级风景名胜区共计 96 684 平方千米，经营收入高达 416 亿元。

第四，文化娱乐休闲行业是时代发展的产物，也是人们对于物质文化需要渐趋统一的表现。随着时代的发展，人们的物质文化消费水平不断提升，我国的文化产业发展形势也在不断更新，文化经济领域迎来了繁荣发展的新局面。截至 2013 年，我国共有文化娱乐场所 89 652 个，从业人员 84 万人，资产总计 1 910 万元，创造利润 222 万元。其中，全国共有网吧 131 013 个，从业人员 48 万人，资产总计 805 万元，创造利润 143 万元。此外，动漫产业也随着数字技术和互联网技术的发展而呈现出新的活力，截至 2013 年，全国共有动漫企业 525 个，从业人员 31 127 人，资产总计 1 036 万元，创造利润超过 34 万元。

第五，文化创意设计行业是文化产业的重点领域。2013 年，文化创意和设计服务创造的增加值为 3 495 亿元，占文化产业总增值的 16%。截至 2013 年，我国共有广告经营单位 445 365 个，比上年平均增长 15%，广告行业从业人员达 262 万人，比上年平均增长 17%，广告业经营额达到 502 亿元，比上年平均增长 6%；建筑安装工程设计企业数量达到 4 721 个，年末从业人员达到 44 万人，利润总额达到 173亿元，比上年增长 36%，都呈现出良好的发展态势。

总而言之，中国对于文化产业的概念是随着社会主义市场经济的不断发展而完善的，是随着文化市场的日益繁荣和兴盛而逐渐清晰明朗的，2000 年，党的十五届五中全会提出要积极推进文化产业的发展。党的十六大明确表示，文化有文化事业和文化产业之分，强调应当一手抓好公益性质的文化事业，一手抓好营利性质的文化产业，体现了文化产业建设对于经济发展和社会进步的重要意义，是文化建设思想中实现文化产业发展重大突破的里程碑。2003 年，中宣部与国家统计局等有关部门组织进行文化产业统计研究，首次将文化产业定义为"为社会公众提供文化、娱乐产品和服务的活动，以及与这些有关联的活动的集合"，并于 2004 年正式编制出台了《文化及相关产业分类》和《文化及相关产业统计指标体系框架》，确定了文化产业的"核心层""外围层"和"相关层"等范畴。

随着文化改革的深入发展和高科技对人们生活的巨大影响，文化产业的具体内涵得到了进一步发展。2012 年，中宣部和国家统计局对文化及相关行业分类方法进行了修订，共同发布了《文化及相关产业分类》，将文化及相关产业界定为"为社会公众提供文化产品和文化相关产品的生产活动的集合"，范围涵盖文化产品的生产活动、文化产品生产的辅助生产活动、文化用品的生产活动和文化专用设备的生产活动四大类，具体内容包括新闻出版发行服务、广播电视电影服务等 10 个方面。2014 年对该文件进行了进一步修订，完善了对文化产业相关领域的定义和内涵，调整了文化产业结构和具体内容，增加了文化创意、文化新格局、软件设计服务、具有文化内涵的生产特点等内容和一些小类行业，减少了旅行社、休闲健身活动等不符合文化及相关行业定义的活动类别。一般来说，修订后的分类制度更加符合我国的经济分类标准，更加符合我国的文化产业的特点和实际发展情况，也提升了国际统计数据的可比性，为进一步加强和完善中国文化产业统计工作提供了科学的依据、打下了坚实的基础。所以，为了规范统计口径，保持政策的稳定性，促进可持续发展的协调性和科学性，将统一使用文化产业的理念去进一步规范文化产业和版权产业的概念使用与范围划定。

三、我国文化产业发展的机遇与瓶颈分析

近年来，党中央及各级政府高度重视发展文化产业，将其纳入经济社会发展的总体规划，明确提出要把文化产业作为国民经济发展的支柱产业，十七届六中全会对文化产业发展的目标任务、思想观念和政策方针等进行了系统的讨论和安排，指出了促进文化产业健康快速发展的科学方向。当前，中国文化产业正迎来加快发展的重大机遇，同时也由于内外部条件的限制，面临着显著的瓶颈问题亟待解决。

（一）文化产业发展的机遇

经济结构转型升级为加快文化产业发展创造了有利条件。目前，世界经济运行的不确定性依然突出，积极应对国际金融危机、促进世界经济的稳定与复苏，已经成为国际社会的共同任务。从国内来看，中国正处于深化改革的历史时期，也是转变发展模式的关键时期，存在经济发展失衡、经济发展与文化社会发展不协调、经济发展不可持续等一系列问题，对于创新型新兴产业的需求极为强烈。文化产业结构优良、市场稳定、资源需求低、能源消耗低、发展潜力大，是我国进一步优化经济结构、提高发展质量、形成持久竞争实力的必经之路。因此，加快转移方式，促进结构调整，推动经济科学发展，必须要依托文化的产业化道路。

人们的文化消费需求日益增长，这是加速发展文化产业的强劲动力。中国的人均国内生产总值已经超过 5 400 美元，个别地区甚至超过了 1 万美元，居民的消费已经从生存型的食品和服装类转移到小康型的享受和熏陶类，人们的精神文化需求快速增长，并呈现出多层次、多元化的特征。相比之下，文化产品供求矛盾突出，"结构性短缺"突出，无法满足人民群众对于文化消费的多样化需求。根据相关公式计算，目前中国的经济发展水平对应的年均文化消费额应当超过 4 万亿元，但我国的实际文化消费金额仅仅在 1 万亿元左右，发展力度仍待加强。文化产业是现在为数不多的在中国的供应总量不能满足市场需求的领域，发展前景十分广阔。

文化体制改革的深化为加快文化产业发展奠定了坚实基础。改革开放以来，文化体制改革取得了历史性的突破，大量国有商业单位成为市场参与者，各类民营中小企业也进入市场参与公平竞争，市场活力和竞争力显著提升。现代文化市场体系和宏观管理体系逐步完善，金融业、工商业等方面的支持力度不断提高，文化产业发展的市场环境、法律环境和政策环境日益优化。相当一部分国有及民营文化企业通过各种方式上市融资，社会资本已经成为文化产业的重要资本来源，文化产业的总体规模和综合实力都在不断提升，国民经济受文化产业的影响明显增加。可以说，随着文化体制改革的深入，文化产业建设营造出一个走出中国特色社会主义道路的新形势，为文化产业的跨越式发展奠定了坚实的制度基础和物质基础。

科技的飞速发展也加快了文化产业发展，为文化创新领域提供了强有力的技术及智力支持。现代高新科学技术的发展大大提升了文化的创意，丰富了表达和交流的方式，为新的文化格局的诞生提供了广阔的平台，许多发达国家把技术与文化相融合，形成了以新兴产业为战略支柱的产业形态，重点培育文化事业，适时提出科技创新战略，落实文艺创新工程，促进三网融合，鼓励更多的科技因素与科技成果进入文化产业之中，成为文化产业化发展的强劲动力。

我国的对外开放力度也在不断增强，为文化产业的持续发展开辟了广阔空间。改革开放40多年以来，我国的综合国力不断提高，与国际社会的交流与合作也日益密切，我国的传统文化经由各种途径进入其他国家，并以其他民族喜闻乐见的形式予以展示，很快就收获了一大批"粉丝"，开启了我国从"文化大国"到"文化强国"的转变之路。在发展文化产业的过程中，应当坚持以政府为指导、以企业为主体、以文化为根本、以科技为依托的文化产业发展模式，加强政策扶持、科学创新和人才培养力度，力争推动中国的文化产品和文化服务进入国际市场，让世界各国领略到中国文化的风采。这些都为文化产业的加速发展提供了重要的时代机遇。

在文化产业发展过程中，也应注重文化产业的特色培养，妥善处理工业品质与意识形态之间的关系。文化产业具有思想性、审美性和价值性，具备一般工业产业所没有的思想品质，既不能脱离市场，又不能完全依赖于市场。加快文化产业发展，要遵循市场规律和文化发展的特殊规律，不能把文化产业的发展夸张或简单地理解为文化的产业化或文化的市场化，文化产业不能取代整个文化发展，文化事业和文化产业也不能完全分离，不能反对两者的同一性和互通性。要正确区分公益的文化事业和营利的文化产业，一手抓事业，一手抓产业，两手都要强，两手都要硬。要充分考虑社会效益与经济效益、社会责任与利润指标之间的平衡关系，加强对国家文化安全的维护，切实加强文化生产和文化市场的监督指导，建设和完善科学评价奖励制度，引导文化企业把社会效益和文化效益放在经济效益之前，力争实现社会、文化、经济效益的有机统一。

（二）文化产业发展的瓶颈分析

然而，由于中国的市场经济体制尚处于成形发展时期，尚未步入成熟阶段，在很多领域依然比较薄弱，对于新兴产业的保护和发扬也显得有阻力不从心，文化产业依然处于比较弱势的地位，在这种条件下，除了要加强文化产业本身的文化积淀与市场竞争力以外，还应当积极推动相关的体制改革。一般而言，文化产业体制改革主要由以下两种模式构成。

其一是竞争和保护模式。其主要特点是一方面采取措施鼓励文化产业面向市场、积极参与国内外市场竞争，另一方面制定适当的政策、投入大量资金去支持和促进文化产业的发展。竞争与保护是互补的关系，竞争是积极的保护，保护是为了形成强大的竞争力。所以，文化产业改革不仅要注重市场更新，还要为相关企业提供有效的保护。

其二是综合密集模式。在该模式中，文化产业已经具备一定的发展积淀，为了更好的发展，要在邻近区域内进行资源的整合与重组，对文化资源进行集约化管理。当前，文化产业的整合兼并只存在于行业内部，跨行业的整合相对而言难以实施，所以案例相对较少。但是，科学的文化产业改革必须要兼顾行业内外，这是由文化的跨领域、跨学科的特性所决定的，要积极开展行业内整合、跨行业整合乃至跨国境整合，由于不同企业的资金情况、战略情况与发展情况各不相同，采取的具体手段也就不同，在此不做展开讨论。

总而言之，发展文化产业，必须秉承科学发展观的先进理念，全面贯彻党的文化改革及发展规划纲要，牢牢把握先进社会主义文化的前进方向，紧紧围绕科学发展观这一主题，加快转变经济发展模式，以改革创新和科技进步为动力，不断强化国内文化企业的实力，提升文化产品的核心竞争力，力争早日满足人民群众日趋多样化、多层次的精神文化消费需要。还应当加大改革力度，加速体制完善，加快发展步伐，提高质枇效益，努力推动文化产业成为国民经济发展的支柱产业。具体来说，发展带有中国特色的文化产业，必须要坚持"明确一个目标，激活两个动力，实施三个战略，构建四个体系"的战略方针。

"明确一个口标"，是指促进文化产业成为国民经济的支柱产业。根据2004年文化产业统计分类，2010年中国文化及相关产业法律单位增加值为1 152亿元，占国内生产总值的比例接近3%；2008年至2010年文化产业法律单位增加值年均增长率为24%，高于同期GDP平均年增长率近一倍。按照这样的发展速度，文化产业占国内生产总值的比例将很快达到5%乃是10%，成为国民经济增长的龙头产业。

"激活两个动力"，是指文化产业要始终保持活力，必须有效启动体制改革和技术创新两大动力。一是加快文化体制改革创新，要继续深化国有文化单位的改造和改革，创新文化管理制度，努力摆脱文化产业科学发展的制度障碍，创建公平参与市场竞争的法律保护和法律环境。二要加快文化技术创新，与科技部门深入实施文化科技创新项目，加快国家文化科技一体化示范基地建设，充分利用传统文化产业的高新技术转型，大力发展新型文化格局，重点建设现代文化交流体系，以市场为导向，有机结合生产研究与文化创新体系，抓住文化产业发展的制高点。

"实施三个战略"，是指基于文化产业本身的特殊性，若要促进文化产业又好又快地发展，在现阶段就必须重点落实"三个战略"。其一是文化精品战略，应当继续推进文化内容创新，加大对优秀文化产品的推广力度，提升知识产权保护的力度，营造良好的文化创新环境，创造出更多人民群众喜爱、为国内外市场所青睐的文化产品，其二是重大项目的领导战略，我们要认真落实国家"十二五"期间关于文化改革和发展规划的重大决策，大力支持和示范文化企业发展，制定一批具有较大发展空间以及经济社会发展优势的高收益项目；完善项目审批，规范项目运作，不断提高文化产业规模和增强抵御风险的能力。其三是文化走出去的战略。坚持以企业为主体，依据政府政策和市场需求做出企业发展的总体规划，充分利用国际和国内两大市场资源，促进国内外文化交流与贸易，推动中国文化"走出去"。

"构建四个体系"，是指在文化产业繁荣发展的时期，需要完善四大制度的支撑力度。其一是建立现代文化产业体系。促进传统和现代文化产业发展，促进重点文化企业发展和中小企业发展，促进产业园区及基地建设，鼓励特色和新型产业集聚发展，着力优化文化产业布局，积极推出自有文化品牌，不断扩大文化产业规模，提升集约化和专业化水平。其二是建设现代文化市场体系。不断扩大文化产业网络，创新经营模式，增加文化产品的消费需求。加快资本、产权、人才、信息、技术等生产市场文化因素的发展，逐步建立标准化的文化经纪机构，包括鉴定、投资、拍卖等中介服务机构的评估，加强文化产权交易和艺术市场管理，合理管控上海、深圳等地的文化财产交易所。其三是文化产业投融资体系的建设。要继续大力推进文化产业和金融业的对接，提升文化企业的直接融资和间接融资比例，发展文化企业保险业务，利用工业投资基金、风险投资等金融投资基金，进一步提升金融服务文化产业发展水平。其四是建设文化产业政策和监管体系。在现行政策的基础上，继续完善文化产业发展的政策体系，为新兴文化产业提供金融投资、投资审批、土地使用、税收等方面的优惠政策，同时加强对文化产业人才的培养力度，力争创造规模化、创新型的文化企业，以适应文化产业发展所需的高素质人才，还应当加强文化立法，为文化产业的健康可持续发展提供有力的法律保障，

四、突破文化产业发展瓶颈的科学途径

（一）文化产业发展调控手段的多样性

文化产品有两种基本的实现形式：一种是形成材料和文化符号，即用于交流的

文化产品,如绘画、摄影、音像、手工艺品等;二是除传统形式的娱乐、设计、策划、咨询、公关、中介等广泛文化服务以外的,直接用于交换的文化服务。文化服务是现代文化产品的重要内容,可以满足宜接的文化需要,也可以通过有形的文化服务将无形的文化内涵、文化思想、文化形象和文化符号等文化因素纳入其他产业之中,借助其他产品来彰显自身的文化价值,还可以宜接作为产品的文化附加值,提升产品的层次和竞争力。

文化产品的使用价值在于它可以通过自身的属性来满足人们的精神文化需要,它可以直接作用于人的精神之上,也可以用于人造材料的生产、消费以及人们的生活领域。然而,作为精神产品,文化产品主要是依靠自身的精神属性或精神元素来满足人们的需求,这与物质产品的本质特征有着显著差异。

文化产品不仅具有使用价值,它作为一种商品还具有显著的商品交换价值。作为生活服务文化的产物,文化产品的生产形成需要一定的劳动时间,由此形成了文化产品的交换价值。文化商业化进程与精细分工和市场经济发展等外部因素密切相关。人类历史上的分工劳动使一些工人有可能从物质形态商品的生产中解放出来,转而依托自身的文化积淀去从事精神文化产品的创作与推广。对于社会分工越来越精细、市场经济越来越发达的现代社会,文化不再是少数人能够享受的精英文化和特权文化,文化产品也不再是由少数企业所生产的带有显著政治色彩的辅助产品,它是一个独立的派系,也有对于成本、效率、规模等问题的研究,成为一种专业的交换产品。文化产品的商品属性是文化产业化的内在动力,能够促使文化生产者在经济效益或是社会效益的影响下去创作出更多文化产品来满足越来越大的市场需求。

在文化产业的生产、推广与消费过程中,法律的价值将在文化产品的生产、流通和消费中发挥作用。利润最大化的原则总会不可避免地渗透到文化产业的方方面面,影响文化交流的方向,生产者的行为方式,文化的传播方式,文化的传播机制,文化产品的供求机制、价格机制、竞争机制、交换原则、生产效率、传播效率等。倘若没有法律的约束,相当一部分文化生产企业将会在利益的驱使下,只关注经济效益,而置文化效益与社会效益于不顾,图一时之利而损未来之利,这将不利于文化产业的持续健康发展。

在社会主义市场经济体制下,必须注重市场的杠杆作用,但也不能盲目依赖于市场的自主调节,还需要借助行政手段与法律手段,避免贪图一己私利的"违法乱纪"行为的发生。参考西方资本主义发达国家文化产业的经验可以发现,经济法并不是万能的，它在市场上的作用有其天然的局限性，在中国也是如此，这是由于一方面，文化产品供求矛盾的特殊性决定了市场监管的局限性。影响文化交流产品需求的因素有很多，文化需求的特点是多层次、多样化和不确定性，基于丰富的文化资源和人们各式各样的文化需求，文化产品的生产带有显著的地域性和个性化色彩，文化产品的供需矛盾要远比材料产品突出得多。对于文化产品的供求矛盾，有的可以通过市场调价机制来调节，有的则无法通过市场杠杆来解决。比如先进的、公益性质的、符合人民群众长期利益的文化产品是根本的社会需求，很难通过实时价格信息去反映它的市场价值，这时我们就要介入行政手段和法律手段予以调节。同时，商品交换的统一基础决定了文化生产对市场机制的应用限制。等值交换是基于文化传播过程中的劳动价值，它只反映和规制了交换价值，却难以体现产品的社会价值。在文化传播市场上，一些完全不具备社会价值和文化价值的淫秽书籍，受营销和包装手段影响价格普遍较高，这类产品并不能通过它的价格来反映它的社会价值，所以，在这种情况下市场机制的调节也是以失败而告终的，必须加以道德、法律和政策法规的干预。

另一方面，文化产业的发展具有经济—社会的双重特点。文化产品不仅是经济产品，也是社会产品，文化的社会属性在文化消费中更为重要。文化宣传产品在满足人们需要的过程中，展现出一种特殊的自我扩张机制，良好的文化产品和宣传手段可以无限制地扩大文化影响，文化产品的有利的或者不利的影响都将迅速要延。文化消费的增值特征是对文化产品社会属性的动态反映，所以文化消费远远超过传统文化的消费领域，能够在全社会引起全面而深刻的影响。商品价值法和社会价值法是文化交流行业运行的基本规律，也是文化交流行业监管的基础。对此，政府文化产业部门要严格规范文化产业的运作情况，使商品具备社会价值和经济价值的双重效益，最大限度地确保社会价值与经济价值的平衡。要实现这一目标，必须做到以下两点：一是要改变和优化文化管理的监管职能，力争在商品价值法中发挥作用，创造适当的外部条件，政府应该做好宏观调控、直接管控，努力解决文化产业利用市场秩序不能解决的问题，注意文化产业的战略规划、政策引导、配套服务和对外环境等问题，努力保持文化市场的活力；二要充分发挥法律的社会价值，努力修复现存法律的缺陷与不足，以法律法规为文化产业的发展保驾护航。应当解决文化产业的结构效率问题，文化产业是一个复杂的有机关系体系，由于工业分工和文化分工差异，文化劳动部门及产品营销部门与其他产业相比具有显著不同，对应于工业行为过程就反映为不同的成长趋势。比如一些文化产品参与社会交换的程度相对较大，直接经济效益就在市场经济中占主导地位；相反，其他文化产品在市场经济中处于劣势，即便具有良好的社会效益，也难以受到读者的关注，在这种情况下，应尽快建立内部转移制度，利用文化内涵来转移行业利润，防止两极分化。加强对文化传播产业薄弱环节的支持，特别是加强交响乐、芭蕾、歌剧等优雅文化形式以及图书馆、博物馆、文化中心、美术馆、宗教寺庙等传统文化形态的财政与政策支持，弥补市场机制的自发缺陷，保障整个文化产业之间规模经济和结构效益的相互协调。

（二）突破文化产业发展瓶颈的科学途径

突破文化产业的发展瓶颈，可以从以下三个方面着手，即树立核心理念、把握基本原则、统筹四类关系。

1.应当树立以人为本的发展理念

中国特色社会主义文化产业重视以人为本的内涵和产业的全面、健康、协调、持续发展。以人为本，是中国共产党在新时期的核心思想，是实现文化产业可持续发展的根本所在，要贯彻落实到文化产业发展的各个环节。

坚持以人为本的文化产业发展观，应最大限度地满足人民群众日益增长的精神文化需求。文化产业是满足社会主义市场经济条件下群众精神生活需要的重要途径，应与文化事业保持同步发展。基本的文化需要和利益满足主要由政府主导，以文化事业的形式进行；个性化的文化需求主要是通过市场调控，由文化产业来实现。文化的大发展与大繁荣要始终坚持以人民群众的精神文化需求为根本出发点和落脚点，做到三个贴近，即贴近群众、贴近现实、贴近生活，生产出越来越丰富的文化产品，解决群众的精神需求。文化企业应当转变"唯我独尊、唯我独大"的想法，增加各类精神文化产品的生产，既有"阳春白雪"，也有"下里巴人"，高贵而不高冷，通俗而不庸俗，多方位、多渠道、多层次地满足人民群众的精神文化需求。让文化接近人民群众的生活现实，回归自然、回归本真，不要夹杂过多人为的"奢华"元素。一些专门打造的"豪华戏"或"人造的"文化工程，往往脱离了人们的生活，脱离了现实，不具备任何群众基础，人们大都不喜欢看。与之相对，那些贴近人们心灵的文化产品，可以帮助人们在高压环境下释放内在的情绪，让人们以更加高昂的热情投入到工作和生活中去，对人们而言具有强烈的吸引力，无论是经济文化产业还是公益文化事业，只有真正满足人们的精神文化需求、真正贴近人们的生活，才会有吸引力、有观众、有前途。所以，在发展文化产业的过程中，只要有利于人民群众身心健康的产品，就有必要存在，而那些与人民群众不相干的背离了以人为本这一基本思想的内容，则违反了文化艺术生产和发展的规律，应当予以抵制。

坚持以人为本的文化产业发展观，应当充分维护和实现人民群众根本的文化利益，在加快公共文化服务体系建设的同时，要高度重视文化产业的个性化服务。人们消费与否，都可以通过政策进行引导，但是不能剥夺人们自由选择的权利。文化产业必须有市场眼光，文化产品必须要能够受到人们的欢迎，这样文化消费市场才能有活力，人们的精神文化利益才能得到满足。同时要注意维护群众的根本文化利益，依法行事，法德并用。由于我国的知识产权保护法律体系尚处于建设之初，各方面都还不太完善，文化市场上假同伪劣产品屡禁不止，给文化消费和文化服务带来了不利影响；而"文化贵族产品"的兴起则把普通人民群众排除在外，无法促进人们文化需要的实现，没有做到产业公平。文化产业要面向大众，为人民服务。中国古老的街头艺术，比如说唱、戏曲、讲故事、玩杂耍等，都是人们乐于接受的大众文化，也是中国文化产业的雏形，应当予以传承和保护。文化产业植根于人民，其发展在很大程度上取决于消费者。如何引导人们的精神文化消费、提升文化消费水平，不仅与文化产业的发展密切相关，也与整个社会的改善和精神生活的素质有关。可以通过举办各种文化活动、推出各个层次的文化产品、举办文化专题讲座等，提高人们的文化品位，形成健康的文化消费氛围。

坚持以人为本的文化产业发展观，重点和根本是努力提升人民群众的基本素质，促进人的全面发展。不论文化事业还是文化产业，其本质都是对精神文化产品的生产和消费，都要满足人们的精神文化需要，必须坚持以社会效益为最高标准和第一要求。虽然文化事业与文化产业的特点与作用各不相同，但其最终目标都是推动社会和人类的全面发展。对文化产业的评价，在不会对社会、生态、政治、经济产生不利影响的前提下，主要是看它对于国民生产总值、财政税收和社会就业率的贡献，要看它是否有利于产业结构的调整与升级，是否能够推进经济发展方式的转变。文化产业的发展和文化事业的建设关乎着人民群众的根本利益，是全面提高人民群众素质、丰富人民群众精神世界、增强人民群众精神实力的关键，而人民群众的素质提升和全面发展又能够极大地促进文化产业的建设，两者相辅相成、相互促进。

在文化产业领域，文化产品和文化服务在生产、销售、消费等各个环节均与人的全面发展有着非常紧密的关系。与公益性质的文化事业不同，文化产业更加注重文化的娱乐性与休闲性，更加实用、更加务实，更能帮助人们放松自己、回归本真，促进人们的身心健康，满足人民群众自由发展的需要，可以看出，以人为本是一个社会人文素养的集中表现，以此作为经营和发展文化产业的根本理念，会极大地推动产业的健康成长；相反，与人民群众对立的、反人性化的产品，以及那些追求不切实际的"虚假大空"或者"黄赌毒"的产品，则会阻碍文化产业的持续发展。所以，文化产业的可持续发展要充分体现以人为本的科学内涵，要符合科学发展观的基本要求。

2. 应当把握文化发展的四个基本原则

（1）市场导向原则。指文化产业的发展要以市场需要为指导原则，要依照文化发展的根本规律行事。文化作为一种产业，必须以市场为导向，积极走入市场、紧跟市场的浪潮。文化产业不断发展的动力源于市场。毫无疑问，政府对文化产业形成与发展的强大动力是不可或缺的，放宽环境和优惠政策对于文化产业的进一步发展也是必不可少的，但是，文化产业能否够获得真正意义上的成长，最终要取决于市场的运作能力、竞争能力和自主发展能力。市场是文化产品形成的依据，也是文化产品价值实现的地方，可以毫不夸张地说，没有市场，就没有文化产业。所以，文化产品和文化服务必须从市场出发，找到人们的兴奋点，与人们的心理产生共鸣。例如浙江卫视《中国好声音》的成功，最根本的原因就在于它对市场把握的成功，以市场需求和商业运作来扩大音乐对人们的影响，并由此产生共鸣，收获人们的广泛关注。如今，发展文化产业，不能与市场脱节，要学会利用市场和掌控市场，要积极研究文化市场的需求和人民群众的文化消费心理，开发生产出一系列人们喜闻乐见的文化产品；同时还擅长进行市场规划、市场营销和市场运作，让文化产品引领市场风暴。当然，市场导向也有其局限性，社会导向和政府导向作为市场导向的辅助手段都是不可或缺的，它们可以增强市场导向的引领作用，纠正市场运作的轨迹，弥补市场导向的缺陷。因此，中国特色社会主义文化产业是文化、社会、经济、政治、生态的一体化，要充分运用市场导向机制，综合运用行政与道德手段，促进文化产业的健康持续发展。

（2）突出特色原则。文化产业的可持续发展和文化企业强大的生命力，根本在于其核心竞争力的建设；建立核心竞争力，其根本在于创造个性、突出特点、具有特色，打造出一个"前无古人，后无来者"的特色品牌，形成竞争优势。如今，文化产业的区域分工越来越明细，文化市场的竞争越来越激烈，面对这一局面，中国的文化产业要实现可持续发展，必须立足传统、把握当前、着眼未来，充分发挥各地的资源优势，展示出中华文明的独特魅力，中国文化产业的特色，主要在于区域文化特色、民族民俗特色、旅游文化特色、历史文化特色、红色文化特色、创新文化特色等。"特色"是文化产业的根本竞争力与第一生产力，是一种比较优势。应当根据自己的资源情况，积极培养人才，利用先发优势，形成自己的项目优势与主导业态，才能在激烈的国际竞争中屹立不倒。当前在我国的文化产业领域有一个怪现象，那就是没有特点、一味模仿。例如一些地区的旅游资源非常独特也很有个性，但它偏偏要模仿其他已经成功的景区，建造了很多与其他景区雷同的景观设计，脱离了当地的自然环境与文化氛围，结果适得其反。其实，现代文化旅游主要是帮助人们离开嘈杂的城市，缓解生活与工作压力，在纯粹的自然或人文环境中获得身心的净化。一些红色旅游，本可以让游客接受红色教育，养成先进的思想和崇高的人格，但是有些地方将一些毫无根据的神秘故事夹杂进来，使红军的故事成为"神话"，不但没有达到宣传教育的效果，反而使游客丧失兴趣，不利于文化市场的进一步扩大。因此，文化产业发展的特色之路，是最有希望的发展道路，是追求个性与创新的科学发展之路，中国的文化产业要实现可持续发展，就必须要坚持走特色道路。

（3）资源保护优先原则。可持续发展，必须坚持促进人与自然的和谐，实现经济发展与资源保护的双重目标，保障一代又一代的可持续发展。资源保护优先原则要求，今天的发展和利用不仅不能耗尽或破坏资源与环境，还要为未来的发展提供更加便利的条件。随着文化产业的发展，文化资源开发和文化资源保护的矛盾日益明显，许多文化资源，特别是历史文化资源、民族文化资源、自然景观资源等都有一定的稀缺性和脆弱性，往往不可再生或者难以再生，并不是取之不尽、用之不竭的，一旦遭到毁坏，就会造成不可逆转的损失。这就决定了在发展文化产业的过程中把资源保护放在首位，坚持优先保护、适度发展、可持续利用的原则。一般来说，保护文化资源包括以下三个方面：一是法律保护。也就是创建基本法律法规，保护文化资源的连续性，借助法律手段打击破坏文化资源的行为，促进文化资源的持续发展，比如具有"原始生态"特点的传统民间艺术，它们在全球化和社会变迁的历史进程中持续边缘化甚至趋于消失，这种情况下，必须介入法律手段予以保护和传承。二是保护与发展并进。将能够产生市场效应的文化资源引入文化产业，在加强文化资源保护的同时，实现文化资源的产业化发展，例如平遥古城的开发与营销，就充分实现了文化保护与资源开发之间的协调发展与良性互动。三是战略保护，把一些目前无法发展、但是很有前途的文化资源整合起来、保护起来，作为后续发展的资源储备，为将来的文化产业发展服务。战略保护至关重要，因为任何文化资源都不可能一代代不间断地发展和传承，很有可能由于某种原因就在特定时间和特定环境下消失，所以应当肩负起文化保护与传承的义务，留给子孙后代应当享有的文化资源。比如一些古墓、古遗址、古建筑等，能不挖掘就最好不要挖掘，能整体保存得最好整体保存，方便后人使用先进的方法进行开发，减少对文化资源的破坏或损坏。文化遗产包括物质文化遗产和非物质文化遗产两个方面，它们都是非常宝贵的文化资源，是中华民族五千年来发展历史的见证与财富，一旦遭到毁坏，将会对文化的进一步发展产生不可估量的负面影响。因此，在发展文化产业的过程中，要坚持资源保护优先的原则。

（4）效益最大化原则。文化作为一种产业，必须追求效益最大化，实现经济效益、社会效益、文化效益、生态效益乃至政治效益的有机统一。发展文化产业，从经济价值来看，是推动经济可持续发展的重要力量；从社会价值来看，是提升国民素质，建设和谐社会的有效途径；从文化和生态效益出发，是传统和创新的文化形式和内容的基本手段；从政治效益来看，是维护团结统一和社会稳定的必要举措。经济效益是增加国家财富的直接手段，但文化产业在注重经济效益的同时，还要积极承担社会责任。社会福利是社会主义文化追求的核心利益，文化发展不能只谈经济利益、追求利润最大化而放弃社会效益和国家利益。文化产业的发展壮大，必须紧紧围绕市场，加强宣传，增强文化实体的自主创新能力，最大限度地发挥文化产品的价值。但仅仅关注市场还不够，还要让文化产品落实到人民群众中去，基于中国社会的现实，立足民族文化的传统，创造和生产出具有中国特色的文化产品，既要扩大中国传统文化在文化产业中的分量，又要开放文化场地，引进国外优秀的文化产品。同时，我们要坚持文化的生态效益，维持生态秩序安全，确保文化生态协调，以平衡健康的发展促进整体效益的提升，应当积极研究文化的形态、风格、特色与价值，强调创意、知识和想象力，注重发挥文化产业的社会效益、经济效益、文化效益、生态效益和政治效益，建立健全综合评估体系，保障五大效益齐头并进，保证文化产业的协调有序发展。

3. 发展文化产业

要统筹好四类关系，即经济发展与文化发展的关系、文化事业与文化产业的关系、统筹均衡发展与非均衡发展的关系、加快发展与可持续发展的关系科学发展观是马克思主义的世界观和发展方式，追求健康、协调、全面、可持续的辩证发展。

在文化产业中，要实现科学的跨越式发展，我们必须以辩证的态度去对待、去协调，全面统筹好以下四类关系。

（1）要统筹好经济发展与文化发展的关系。经济发展以社会发展为基础，以经济建设为中心，重点在于促进经济的快速健康发展，这也是我国始终坚持的基本发展策略。文化是社会经济的重要组成部分，是国家软实力。没有软实力的竞赛，硬实力将缺乏韧劲，没有文化作为后续推力，经济发展将缺乏动力和潜能，任何国家经济与社会的繁荣发展都离不开文化软实力的支持。在社会历史发展的进程中，经济与文化一直处于相互交织、相互影响的互动关系中，文化产业是经济的衍生物，经济的发展需要文化的发展予以支撑。特别是在知识经济时代，经济与文化的融合日益密切，文化经济、经济文化、经济文化一体化已经成为新时代的关键词，两者协调发展、有机互动，已然成为现代化发展的必然趋势。文化产业是国家经济发展的助推器。文化产业本身不仅可以通过文化产品和文化服务带来丰厚的利润，它对国民经济也具有连锁效应，可以推动许多相关产业的发展，不仅可以促进上游行业和后续行业的发展，还能够影响到网络、软件、金融、通信、交通、餐饮等相关行业的完善。特别是文化产业和高新技术的发展相辅相成，没有科学技术的支撑，文化产业将缺乏后劲，难以快速上升；现代高科技已成为促进文化产业发展、提升文化创新能力和沟通能力的全新动力。在加快经济发展方式转型的过程中，应当加强文化产业结构的优化与升级，刺激大众的文化消费，以文化发展带动社会就业与经济提升，最终促进我国经济社会的可持续发展。

（2）要把握好文化事业与文化产业的关系。文化产业发展的核心问题之一就是处理好文化产业与文化事业的关系。两者各不相同而又互相联系。一方面，我们要把两者剥离开来、区别对待，不能产业不像产业，事业不像事业。文化产业从事文化产品的开发、生产、销售和文化服务的提供，是以营利为目的的，文化事业则提供公共文化产品和公共文化服务，是以公益为目的的，两者的出发点和落脚点是不同的。同时，两者在性质上也不一样，文化事业的主要业务单位是文化事业单位，而文化产业则是特定的法定代表人。两者的资金来源不同，文化事业的资金主要来自国家投资，运营方面由政府支持；而文化产业则有国有、私营、外国运营等方式，资金大都源自个人投资或集体融资，运营上由专业的职业经理人负责，企业自负盈亏。它们的监管方式也不同，文化事业由政府直接控制，文化产业则主要依靠政策法规和经济手段来调节，另一方面，也应看到文化产业和文化事业的共同点，两者是相互包容、相互渗透并可以相互转化。文化事业中有一些内容如艺术、文物、传媒等在一定条件下也可以成为产业，文化机构的某些内容、形式等也可以通过市场手段来运作，同样，文化产业中的某些公共文化要素也可以成为文化福利的一部分，为文化事业提供补充。事实上，由于物质文化生活的改善和经济实力的强大，某些具有公共性质的产业内容已经成为群众福利，比如一些电影院开办的露天电影、歌舞团举办的公益巡演活动等。同样，文化事业也可以通过重组、并购等手段转化为文化产业，比如一些优雅的文化形式和民间艺术，由于受众的普及和扩大，正在从公益事业转变为文化产业，不再寻求政府的财政支援。可以看出，文化事业和文化产业存在一定的界限，但并未完全分开，它们可以在动态发展的过程中不断变化。在社会主义市场经济条件下，文化宣传的"喉舌"功能没有变化或弱化，而是在不断增强，因此，无论是文化事业还是文化产业，我们都要坚定为社会主义建设服务、为人民群众服务的基本理念，两手都要抓、两手都要硬，努力推进两者的协调持续发展。

（3）要把握好均衡发展与非均衡发展的关系。任何事业或产业都很少能够按照平衡发展的理想模式进行；不平衡发展是事物发展的一般规律。所以，在发展文化产业的过程中，应当努力做到着眼整体、顾全大局、全面考虑、合理发展、科学规划，实现全面统筹协调发展。文化产业在一定的条件下其优缺点可以相互转化，也就是说，优势可能会成为未来的劣势，而当前的劣势也可能会成为明天的优势。根据实际情况具体案例具体分析，是文化产业发展战略设计的重要课题，中国的经济文化发展与社会现代化进程都呈现出了显著的东西差异和城乡差异。所以，在文化产业的发展过程中，东部和沿海发达地区应着重发展文化产业，走在文化全球化的前沿；而中西部地区特别是广大农村地区则应由政府主导，加强公共文化服务体系和文化市场建设，整合区域内的文化资源，发展文化事业，并尽快形成文化产业。应当明确区分、理性判断，找到各地的实际特点，并根据这些特点进行有组织、有规划的发展。文化产业发展的基本原则在于可持续发展以及全面协调发展，不能片面关注其中的某一个或者某几个特定领域。比如在媒体行业发展的同时，不仅要着眼于媒体产业、出版产业和娱乐产业的发展，还要关注动漫游戏产业、网络产业、电影电视产业、文学艺术产业等领域的协调一致发展，还要注意发展下游产业、周边产业及相关产业，不断延伸文化产业链，加快打造文化产业发展的新格局。在战略设计中，在政策导向下，要综合考虑平衡发展的问题，当然，并不是主观人为地一厢情愿地去追求平衡发展，这是市场壮大和社会进步的重点要求。文化产业的发展受到市场条件的制约，具有一定程度的自发性和不可预测性，经常会发生"有心栽花花不开，无心插柳柳成荫"的情况。因此，为了减少这种不可预测性，我们在发展过程中应当突出重点、创造特色、发挥优势，不要过早地追求各地区之间的平衡发展，而是应当抓住重点地区、重点项目，以先发展带动后发展，以部分进步推动整体进步。

（4）要统筹好加快发展与可持续发展的关系。要努力促进文化产业的加快发展，但发展必须具备可持续性。在文化产业发展的早期阶段，重点是加快发展，因为如果在发展初期没有速度，就不能形成规模，无法走出国门、迈向世界。在最初的发展过程中，一定的盲目性是不可避免的，质量不高的快餐文化产品也会屡见不鲜，倘若不及时介入有效的干预，久而久之就会有发展失调乃至不可控的风险。所以，从文化产业形成和发展的最初阶段，在强调快速发展的同时，就要特别注重发展的质量、效率与潜力问题，严格践行可持续发展的策略方针。现代文化产业是经济文化领域的重点项目，主要特点在于高端文化产品的推广和普及，在于商业产品的文化附加值。要在科学发展观的指导下，把文化产业作为经济结构改造与升级的目标，丰宜产品的创意内容，坚持有序发展。对于中西部地区，要着力加快发展，发挥文化资源的天然优势，促进文化产业的形成与建设；对于东部沿海地区，则要更加注重建立长效机制，提高发展潜力，实现高质量、高效率的发展。必须强调的是文化产业发展必须要注重其可持续性，如果文化资源遭到破坏，那么不管当时的经济效益如何，从长远来看，这种发展模式都是弊大于利的。所以，我们要时刻坚持可持续发展的战略决策，加强对资源的有效保护和合理利用，提升文化产业的社会效益和文化效益，实现我国文化产业的长足发展。

第三章　文化产业发展战略

顾名思义，"战略"是指战争的谋略，是研究战争全局规律性的东西。战争讲究谋略，但谋略有大有小，小者称为"战术"，大者方为"战略"。两者的区别是，战略针对全局问题，战术针对局部问题；战略针对长期问题，战术针对短期问题；战略针对基本问题，战术针对具体问题。文化产业始终以特殊的方式体现着一个国家在一定历史时期的政治、经济与文化运动状态。文化产业的发展战略应是指针对文化产业发展实际，为推动文化产业进一步发展而制定的一定时期内、带有全局意义的发展目标与规划。文化产业发展战略对文化产业的发展来说，具有全局性、宏观性的指导意义。所以，要大力发展文化产业，必须重点研究文化产业的发展战略问题，这是文化产业健康发展的前提。

第一节　战略与文化产业发展战略

一、战略

战略，本是军事用语。在中国，最早的战略思想出自不朽的《孙子兵法》一书。20 世纪以来，战略被广泛地运用于各个领域。国家战略，企业战略，科技战略，人才战略，营销战略，可以说凡事皆言战略。

显然，"战略"源自军事，却不仅限于军事。司马迁在《史记》开篇《五帝本经》中言黄帝之志："修德振兵，治五气，艺五种，抚万民，度四方"论及的是一种政治战略思想。通常，战略也被引申为政党、国家所规定的一定历史时期内的全局性的方针任务。因此，所谓战略，主要是指涉及组织的远期发展方向、范围、思路和做法的大谋略，它通过深刻认识甚至创造组织自身的资源和能力，并努力使之与变化的环境相匹配，以达到所有者预期希望的行为艺术和科学。

众多领域中，战略一词在企业管理理论中的论述是最为热烈的。它成为管理学热门的词汇之一，并产生了管理学的一个新学派—战略管理学派。

在现代企业中，战略管理被提到了相当的高度。在市场经济较发达的国家，企业界有个默契，"不擅长战略管理的人，不能当企业的总裁"。《孙子兵法》是世界上影响最大的古典战略名著，如今，这部书成为世界许多企业界总裁案头必备之物，主要在于它在商战中的战略指导作用。所以，任何企业，第一个应当考虑并着手解决的问题，是把主要精力放在企业带有全局性的战略问题上，进行战略思考和谋划，确立战略目标，制定战略规划，实施战略决策。

关于将"战略"运用到企业管理的历史溯源，已难精确到年月。通常认为，"企业战略"的概念是随着产业革命和经济的发展而逐步形成的。目前，企业战略的概念有几十种之多。这是由于企业战略理论的发展中出现了众多的理论流派，这些流派对企业战略的概念从不同的方面进行描述。

加拿大明茨伯格提出的"战略的5P"从不同的角度分析了战略的基本含义。他认为，企业战略是由五种定义阐明的，即计划、计谋、模式、定位和观念。这五种定义彼此具有内在的联系，而且往往是互补的，从整体上为我们指出战略的全貌，使之更加完善。

美国战略理论中资源配置学派的代表人物安索夫则认为，企业战略管理是把企业的战略发展问题作为一个多因素和多层次的整体复杂系统来处理。它既重视技术经济方面的环境因素，也重视企业自身的内部结构条件以及社会、心理、文化、政治和法律等各方面的变化发展可能产生的各种影响，并且还把战略计划的制定和战略计划的控制与实施结合成统一的动态管理过程。

美国迈克尔·波特认为，竞争性战略就是要做到与众不同，它意味着要仔细地选择一组不同的经营活动来表达一种独特的价值理念。战略就是创造一个唯一的、有价值的、涉及不同系列经营活动的地位。如果最理想的地位仅有一个，那就根本不需要战略。公司面对一件简单而又紧要的事，就是发现并抢先占有以赢得竞赛。战略定位的实质就是选择与竞争对手不同的经营活动，迈克尔·波特的论述特别强调战略的定位，强调要做到与众不同，这是十分深刻的战略观念。

从此以后，战略研究逐步成为管理界的热点，很多学者积极参与了战略理论的研究，形成了不同的流派，战略管理逐渐发展成为管理领域中较为独立的，最为重要、最为综合的一支。

二、文化产业发展战略

文化产业发展战略是指国家、区域或文化企业为了超越竞争对手，充分发挥自身优势，根据产业的外部环境和内部条件，对文化产业发展进行的长远性、全局性、根本性的规划。文化产业发展战略可以进行多种方式的分解。从战略层面来看，文化产业发展战略涉及国家战略、区域战略和企业战略等不同层面的战略划分。

（一）文化产业发展的国家战略

文化产业发展的国家战略主要是指国家从文化产业发展的全局高度，在对文化产业的发展做出总体谋划的基础上，以国家法律和产业政策等宏观调控手段，推动文化产业的快速健康发展，以实现国家的文化安全、文化输出以及产业发展的战略规划。

一般来讲，任何国家，即使是完全自由市场国家，基于国家管理模式，文化产业也存在条块分割格局。条块分割对于管理来讲是比较方便的，却不利于产业的整合与发展。文化产业发展的国家战略的重要任务是要协调解决文化产业发展过程中与相关的各行业的关系以及行业内不同类别产业的关系，促进跨行业经营和集团化建设。同时，要加强文化产业结构调整，促进文化产业领域产、学、研的一体化，改革人才培养机制，培育对未来有重大战略意义的产业项目。

文化产业发展的国家战略，是文化产业战略的最高层次，体现对文化产业发展的区域战略与企业战略的把握。文化产业发展的国家战略定位是制定有利于文化产业发展的法律、法规、政策，倡导、传播国家主流价值观，扶持文化产业重点项目，推动文化产业的发展。通过企业之间的竞争、区域之间的竞争和国际竞争，提高国家文化产业的竞争力，并通过产业竞争平台，提高对外输出文化、文化产品和文化服务的能力。

发展文化产业，提高文化企业和区域文化产业的竞争力，是实现文化产业发展的国家战略的基本途径，对于中国而言，当前文化产业发展的国家战略任务之一是推动文化体制改革，促进公益性文化事业和文化产业的发展。

（二）文化产业发展的区域战略

文化产业发展的区域战略是建立在对区域特点和优势分析这一基础的文化产业发展战略，是为了在区域文化产业竞争中获得长远发展而制定的战略规划。由于文化产业特殊的文化作用和经济地位，不同国家的地方区域，特别是城市区域开始重视文化产业，积极促进文化产业的发展，纷纷制定自己的发展战略，这些都是文化产业发展的区域战略。

为了实现文化产业发展的目标，区域需要在优势分析的基础上进行战略规划，并落实到具体的发展模式上。区域文化产业的发展模式需要通过产业集聚和产业链发展的形态而达成。在产业集聚和产业链经营中，需要注重获取高附加值，而高附加值要求产业形态中保持创意和技术。这些都需要文化企业的参与和配合。与文化产业发展的国家战略相比，文化产业发展的区域战略更需要企业的支持。区域需要结合文化产业的国家发展战略，在区域文化发展的视野下，制定区域文化产业战略，做出合理的模式选择并促进发展模式的创新。

文化产业发展的区域战略是介于国家战略和企业战略之间的战略，具有重要意义。其特点主要是要制定区域性文化产业政策，对本地区的优势文化企业要予以大力支持。区域文化产业的发展战略一方面要考虑本区域文化产业的基础和潜力，同时要立足于本区域在全国乃至全球的比较优势。

（三）文化产业发展的企业战略

文化产业发展的企业战略是文化企业基于外部环境与内部条件对企业的发展作的整体谋划。发展战略对于文化企业来讲十分重要，因为产业发展、无形资产、商业模式和品牌等方面的目标，都需要通过战略来实现。企业发展的"马太效应"表明企业重视战略可以得到很高的报酬，具有领先性战略的企业更能够实现企业价值的最大化。

一般来讲，文化产业发展的企业战略侧重于商业模式，不同文化企业的战略性差异是明显的，文化企业需要在战略上进行合理定位，在此基础上落实可持续发展的目标。任何文化企业，当它在业务领域已经积累了初步经验之后，就需要确立自己的战略目标和发展战略。对任何文化企业来说，必须首先符合一般企业的经营理念，并在战略思考的过程中找到发展壮大的战略方法和战略理念。此外，文化企业不能固守一般企业的"原始积累"的观念，需要通过各种创意、管理、技术创新，同时借助资本运作、并购等手段来提高企业的发展速度。

由于文化产业领域的跨行业特点和多变性特点，文化产业发展的企业战略与产业变化之间变得密不可分。所以文化企业的发展战略必须与产业分析紧密联系起来。在文化企业战略规划中，首先要了解企业所经营的产业是上升的产业、成熟的产业还是衰落的产业。在今天，一些传统类别的文化产业受到新媒体的挑战，都会不同程度地出现"过时"的症候。特别是图书报刊、光碟、音乐等行业受到的挑战更是直接和显著。但是，在文化产业领域，衰落的产业是很少的，大多数是上升的或成熟的产业。在此基础上，用产业分析的眼光分析产业走向和企业机遇，帮助企业经营者达到对企业战略定位的准确分析。

总体上来说，文化产业的基础薄弱，但发展空间大。企业需要在具体战略上决定企业的方向和发展战略，并落实到商业模式上，从而形成自身的核心竞争力。

三、文化产业发展战略与发展模式

所谓文化产业的发展模式是指，在为实现文化产业的持续发展而实行的总体规划的基础上逐步形成的特色生产经营战略方式。其内涵包括五个重要特征：组织机构的运行管理方式，生产经营规模战略方式，现代营销服务方式，品牌形象战略方式，科学技术、研究开发的创新方式。

在研究文化产业发展模式的过程中，我们强调文化产业发展战略中要重视发展模式，并在战略规划中体现发展模式的特点或要素。关于文化产业的发展模式，国内外主要有战略先导型模式、品牌号召型模式、资源整合型模式、活动经济型模式、产业集聚型模式、项目带动型模式、综合拓展型模式等。

文化产业的发展战略和发展模式是两个不同的定义，但两者的内在联系十分紧密。文化产业发展战略，无论是国家战略、区域战略还是企业战略，最重要的是要落实到发展模式上。因为国家战略必须落实到区域战略上，而区域战略又必须以企业战略作为其实现途径，文化产业的发展战略必须保障它是可实现的，其具体的实现形态却是发展模式。

文化产业在思考战略的过程中，一方面需要将战略落实在发展模式上，另一方面需要在完成产业发展模式的选择之后，把产业发展模式与产业发展战略结合起来。总之，科学的发展战略和可行的发展模式融二为一，才能实现文化产业发展速度最快、质量最优。

文化产业发展模式还要特别注意根据文化产业的发展战略的调整进行发展模式创新。创新首先是在已有基础上的完善和改进，所以，应当研究国内外的各种文化产业发展模式，借鉴已经比较成熟的发展模式，结合文化产业的发展战略，对现有发展模式进行完善和改进。这是文化产业发展模式创新的最便捷的途径。

第二节 文化产业发展的战略地位

一、文化产业是国民经济新的增长点

在农业经济时代，物质产品严重缺乏，不断增强产品的生产能力、提高物质产品的消费水平是人类在生产和生活中最主要的任务，文化消费只是生活中的一种点缀。在工业经济时代，由于科技的进步，物质产品的消费水平得到前所未有的提高。随着物质消费水平的不断提升，消费的边际效用出现递减的趋势，单纯的物质消费已不能满足人们的需要，人的文化需求日益凸显。

根据恩格尔定律，随着生活水平和社会富裕程度的提高，恩格尔系数逐年降低，在物质需求得到较好满足的同时，文化消费在家庭和社会整个消费中所占的比例将越来越大，文化需求将成为未来社会生活的主要需求。因此，随着社会的发展和生活水平的提高，人们用于精神文化生活消费的支出越来越多，为满足文化需求而产生的文化消费也日益增多。文化消费已成为世界消费的热点，"文化购买力"越来越强大，这就需要市场提供满足文化消费需要的文化产品，推动文化产业的发展。文化产业已成为国民经济新的增长点。据统计，美国、日本、韩国等发达国家居民文化消费支出已经占消费支出总额的近15%。

同时，随着社会生产力的发展和人类物质生活的逐渐富裕，人们的闲暇时间越来越多，也必将大大增加对文化消费的需求。国外很多学者认为，休闲已成为当今这个时代最重要的特征之一，成为与每个人的生存质量息息相关的领域，成为社会进步的标志。据预测，到2015年美国的休闲产业将占其全部产业的50%，而休闲产业中占很大比重的就是文化产业。物质需求与精神需求的平衡已经成为现代人类社会生存和发展的必要条件。

文化产业与传统工业不同，可以多次开发、重复开发和不断转换，符合循环经济的要求，因此，近年来，国际经济结构的战略性调整方向大多是以高科技为支撑向文化领域强势渗透，国际文化产业发展迅猛。基于此，国内外很多学者认为，21世纪全球最有前途的产业一是高新技术产业，一是文化产业。文化产业已成为发达国家重要的支柱产业。在《财富》杂志全球500强企业中的索尼、迪士尼、时代华纳、贝塔斯曼等很多公司都把文化产业作为主要经营业务。

文化产业的发展已成为国民经济的新的增长点。《泰坦尼克号》《狮子王》竟能创下十几亿美元的票房，其所依靠的，不过是新颖的创意和三维动画技术。美国在线并购时代华纳，成为一家市值达 3 500 亿美元的超级"巨无霸"文化企业，再次令世界为文化产业的强劲发展势头而震惊。而美国的视听产品是仅次于航天航空业的第二大出口产品。日本的娱乐业发展迅速，日产游戏软件充斥市场，其年产值早在 1993 年就超过了汽车工业的年产值，其魔力让电子游戏痴迷者在网吧里废寝忘食、夜以继日。韩国在亚洲金融风暴中，经历了惊涛骇浪的考验，使其平安涉险的救星也是文化产业。英国文化产业的年产值将近 60 亿英镑，从业人员约占全国总就业人数的 5%。在一些发达国家和地区，只需看看足球赛事和汽车方程式赛所引起的社会狂热和带来的巨大经济效益，就足可见文化产业强劲之一斑了。

在许多国家，文化产业的地位和作用利益突出，创造了可观的社会效益和经济效益。随着国民经济的发展和人民收入水平的提高，文化消费需求的增长速度远远大于物质消费需要的增长速度。文化产业也正在成为现代市场经济中的一个新的增长点，成为涵养税源、促进就业、扩大内需、拉动经济增长的一支生力军。现实情况表明，随着经济的突飞猛进和文化消费与日俱增，文化产业是个名副其实的朝阳产业，已经成为国民经济一个新的增长点。

二、文化产业是综合国力的重要标志

综合国力是指一个国家生存与发展所拥有的全部实力，即国家的总体力量。它既包括物质因素，如领土、资源、人口、经济、军事等，又包括精神因素，如政府质量、政治体制、社会和谐、外交关系和文化发展等。全球化竞争是一种综合国力的竞争，世界银行的评估准则认为，综合国力是指国家政治、经济、文化协调发展的整体水平。

文化产业以工业生产的方式生产文化产品和提供文化服务，在提供文化产品和文化服务的同时，传播着现代文化精神。文化产业既有文化上的重要性，还有着经济上的重要性及提升区域、产业和文化组织竞争力的意义。在全球性竞争过程中，文化产业作为一种经济存在形态置身于世界经济竞争格局中；同时，文化产业作为一个国家的一种文化传承方式，承担着本国民族文化生存空间的构建任务。文化竞争力成为一个国家综合竞争力的重要标志，文化产业成为一个国家提升综合国力必不可少的发展因素，文化产业在国民经济中占据着重要的位置，正在成为综合国力的重要标志。

文化和文化产业不仅成为综合国力的重要组成部分，而且也成为增强综合国力的重要力量。纵观世界各国发展历史，每一个国家兴盛辉煌时期，其背后无一不是有着灿烂的文化作支撑，经济强盛与文化繁荣交相辉映，对人类社会发展产生了深远的影响，反之，不重视文化建设，不重视科技创新，最终都要走向衰败。所以，文化和文化产业对一个民族、一个国家、一个地区的发展越来越重要。国家与国家之间、地区与地区之间的竞争，在某种程度上也是文化的竞争。没有深厚的文化底蕴，没有先进文化的引领，没有文化创新的持久推动，在综合国力的竞争中就要落后，就要被淘汰。

三、文化产业在社会发展中不可替代的作用

文化产品的生产和文化服务的提供，在市场经济国家主要以产业形式存在。由于文化产业特有的功能，文化产业既是一个国家社会文明成果的物化体现，同时也对一个国家的社会发展具有巨大的推动作用。因此，文化产业政策、文化产业规划和文化产业发展模式与国家的整体社会发展具有紧密的联系。

在世界范围内，随着经济一体化、经济全球化步伐的加快，文化的力量通过经济的方式形成一种"软力量"，正在世界政治和经济力量关系格局的演变中发挥着日益重要的作用。新一轮的文化发展竞争已经拉开了帷幕，国际的竞争将全面体现为政治、经济、文化的整体竞争格局。在发达国家，随着现代工业的发展和现代科技的进步，文化产业获得了长足发展，文化产业在产业化进程中因其特殊性而得到各国政府的扶持性发展。当前，文化产业已经成为发达国家和地区国民经济的支柱产业，文化产业已得到社会的广泛认同，文化产业在社会发展中正在彰显其无可比拟的能量。

从 20 世纪 60 年代开始，人类开始迎接第三代生产力，即高科技时代的智能生产力。第三代生产力的显著标志是文化与社会崭新关系的建立，即文化与社会一体化。一方面，社会始终是文化发展的基础，现代社会的发展推动文化产业化；另一方面，文化又是社会发展的动力和源泉。法国作家、前文化部长马尔罗指出："21 世纪的发展无非是文化的发展。"这个判断强烈地提示了当前社会发展与文化发展的相关性乃至依赖性。文化作为一种产业，在现代社会发展中越来越显示出其基础性地位，文化及文化产业对社会进步的贡献率已达到 50% 以上。

四、文化产业是主流价值的物质载体和传播手段

每一个国家，每一届政府，每一位领导人，几乎都会倡导一种主流价值观。主流价值观的倡导和彰显是一个社会的系统工程，政策的导向，领导人的身体力行，政府官员的选拔、任命、奖惩都对公众的价值取向具有重要的导向作用。文化产业在宣扬一个国家的主流价值中具有无可替代的作用，是主流价值的物质载体和传播手段。

其一，文化产业和主流价值的对象具有一致性。文化产业作为一种文化形态，最根本的特性在于它的对象再也不是局限于某一狭窄的社会阶层中，而是基本失去了阶层差别的大众。主流价值要求适合自身的新型载体，必须能真正为公众所享用。文化产业和主流价值的对象具有一致性，文化产业是主流价值最适合的载体。

其二，主流价值的特性契合了文化产业的内容要求。文化产业作为一种内容产业，必然要表达一种思想、一种精神、一种价值取向、一种意识形态，否则就不构成文化产业的内容。主流价值的特性契合了文化产业的内容需求，成为文化产业的内容构成。

其三，文化产业能使传播和承载主流价值的效率最大化。在市场经济比较发达的国家，文化产业是主流价值的支柱。由于任何主流价值都必须通过一定的物质载体表现出来，都必然有一个物质生产的过程，而包含着使用价值和价值的内容产品一旦进入市场流通，它就具备了市场属性。市场属性的最大特点是能使传播和承载主流价值的效率最大化。

正是文化产业的特殊性使文化产业不同于其他一般的物质生产部门。任何国家，文化产业都担负着宣传主流价值的社会责任和历史使命，同时，它也不能忽略经济效益，必须坚持市场取向，按照市场规律办事，尽可能地以最小的投入去创造最大的经济价值，美国的主流价值通过文化产业"渗透"世人有目共睹，从电影、图书、运动服装、饮食等传统的文化载体，到电脑软件、网络、卫星传送等高科技的文化载体，在世界的每一个角落，人们在日常生活与工作中无不感到美国主流价值的存在。美国完全可以通过"文化渗透"，将自己的主流价值传遍全球。通过"文化渗透"，不但可以为美国带来非常丰厚的高额利润，而且可以达到使用其他手段无法达到的政治目的。不难看出，美国的主流价值渗透主要是通过文化产业这个载体来实现传播的。

由此可见，文化产业是一个国家主流价值在不同文化激荡中赖以生存和发展的重要物质基础，也是传播主流价值的重要手段，主流价值的物质载体和传播手段是文化产业所特有的属性，是其他一般的产业所没有的，这就决定了文化产业在社会发展中重要的战略地位——主流价值的物质载体和传播手段。

五、文化产业对其他产业具有很强的带动作用

在经济活动的过程中，各个产业之间存在着复杂而广泛紧密的联系。文化产业的战略地位突出表现在它对其他产业具有很强的带动作用。文化产业开拓和占领市场的能力很强，具有很强的扩张能力和渗透能力。

发达国家文化产业的带动作用已经非常明显。主要表现在两个方面，一是直接带动信息服务业、旅游业、体育产业、科技教育业等产业的发展；二是在近年来科技革命的浪潮中，出现了新的文化产业形态。两者会形成互动的关系，即文化产业的带动作用，反过来为文化产业的发展开辟了一个又一个新的发展空间。比如由于数字化信息技术革命的推动，计算机、通信、广播电视这三个原来相互独立的行业逐渐融合汇聚，为文化产业的发展开辟了广阔的新天地。传统的大众传媒，如新闻出版、广播电影电视业等通过信息化改造，已成为新兴文化产业的主体。传统的音像业通过技术改造，正在迅速进行技术升级和产业重组，走向新的发展高峰期。

总之，发展文化产业，会带动其他产业的发展，既有利于提升经济竞争力，增强经济发展后劲，推动经济向质量效益型发展，也有利于推动文化产业摆脱封闭运行、自我循环、低水平发展的状态，在经济平台上获得更大效益。

第三节　文化产业的战略走向

国家、区域、企业在制定文化产业战略或进行战略选择时，首先要明确文化产业的战略走向，战略走向是战略选择的前提。我国文化产业的发展已经初具规模，文化产业形成了一定的辐射力和渗透力。文化产业的发展，已不可避免地涉及战略走向和战略选择问题。文化产业的战略走向是建立在对产业外部环境以及内部状态实事求是的分析的基础之上，产业发展状况、竞争环境以及公司本身竞争能力、资源状况、优劣势分析是战略走向的关键，不能明确文化产业的战略走向，就不会有文化产业正确的战略选择。文化产业的战略走向呈现如下特点。

一、竞争性走向

文化产业的竞争性走向主要包括区域性竞争走向和全领域性竞争走向。文化产业的发展表现为区域性和行业性的发展，是在区域和行业的竞争中发展起来的，其发展的战略走向之一主要表现为竞争性走向，即区域性竞争走向和全领域性竞争走向。

从区域性竞争走向来看，全球范围内的文化产业非均衡发展态势进一步突出，经济比较发达的国家和区域文化产业的发展保持继续领先的优势，文化产业在提升区域经济增加值和综合竞争力方面将日益重要。围绕着国家、区域市场的争夺与反争夺，进入与反进入，合作与反合作，整合与反整合等，文化产业竞争将在文化产业的各个国家、各个区域全面展开，区域的竞争性走向十分明显，国家和地方区域在保护本国、本区域利益的驱动下，将会以一种新的存在方式来演示其合理性。

国家、地方关于文化产业发展的总体规划在对各区域文化产业发挥指导性作用的同时，区域文化产业发展的自主性选择倾向将更加显著，若干个区域文化产业发展中心，将最可能在那些最先发动并且已经获得占位优势的国家和中心区域出现。文化产业发展的非均衡态势存在着被进一步拉大的可能性，为了争夺成为文化产业发展的中心，区域性竞争将更加显著。

从领域性竞争走向来看，文化产业与其他产业越来越交叉融合，表现为全领域性竞争走向。随着文化产业的发展，市场准入将越来越放开，文化产业不同领域之间的壁垒将逐步被打破，文化产业与其他产业领域的壁垒也将逐渐被打破，全领域综合竞争的走向越来越明显。

二、市场化走向

文化产品与文化服务具有一般商品的共性，文化产业也具有一般产业的共性。所有的文化产品和文化服务同物质产品一样，都是由产品、生产者与消费者等要素所构成，并都受到生产力与生产关系的矛盾运动的制约，同时也都要受到经济法则与价值规律的支配。文化产品和文化服务的市场属性不仅不是对文化产业的内在本质与规律的违背，而恰恰是对其内在本质与规律的揭示与契合。

随着现代科学技术的进步，文化产业影响的渠道越来越多样化和个性化，个人的选择也会越来越自由化。社会发展到了文化产品和文化服务都要通过和借助于产业化、市场化的载体才能达到最佳效果的时代。文化产业的市场化进程将加快，文化产业的开放是必然的。各国文化产业面临的国外冲击很大，不尽早在国内开放，不尽早引进市场竞争机制，将影响文化产业良性有效的竞争及其效率。当前，一些国家文化产业门槛还比较高，这是与文化产业的市场化走向相违背的，应及早调整，否则公众就会从其他的渠道获得他们需要的文化产品和文化服务。

文化产业市场化的加快，将使文化产业组织的市场主体地位得到强化，文化企业将遵循市场经济体制的运行规律，自主经营、自负盈亏，不断创新以求发展。只有这样，文化企业的活力才能增强，文化生产力才能得到有效的释放，文化产业才能真正产业化。

三、信息化走向

世界正在逐步走过工业经济时代，进入信息经济时代。文化全球化已经被信息全球化浪潮裹挟而至，这是无可选择的事情。因此，在信息时代发展文化产业，只有利用高技术推动文化产业，才能迎接这一历史挑战。利用高技术推动文化产业的发展，就是通过高科技手段，整合与提升各种文化资源，开辟文化产业的新领域，加快文化产业的发展进程，从而达到甚至赶超世界文化产业的先进水平。

文化产业是一种知识型产业，现代高科技为文化产业的发展提供了强大的技术支持。高科技在文化产品中的广泛运用，提高了文化产品的生产速度和质量，数字电视，数码电影，宽带接入和视频点播，电子出版和数字娱乐等新的文化产业群形成主流，增强了文化产品的品位和艺术效果，从而扩大了文化产品的市场需要，传统文化产业比重过大的问题在文化产业结构的数字化提升中将得到根本性改变。

文化产业的信息化进程将成为提高文化产业综合竞争力的主要手段，信息化走向将成为文化产业发展战略的新走向。所以，要发挥文化资源优势，加大文化产品开发、生产、传播的科技含量，以信息化、数字化为主要手段，促进文化产业的超常规发展。

四、全球化走向

随着世界经济一体化进程的加快，全球文化融合也在逐渐加温升级。特别是在信息化时代，文化产业各个门类包括新闻媒体、电影、电视、教育、网络、体育、旅游等全球化格局正在形成以电影业为例，当前任何国家的电影走向世界已经不仅仅是一种文化行为，也是一种经济行为，主要表现在各国电影都试图广泛吸收非本国的投资，弥补电影资金的短缺，都将目标瞄准了世界市场，尽量扩大票房和广告收入。

事实表明，文化产业各门类的全球化走向已成为大趋势，并成为各个国家和地区的共识。而建设面向世界的文化产业的另一个重要方面，是要博取各国文化之长，积极引进和吸收国外优秀文化成果。20 世纪 90 年代以来，世界文化交流日趋活跃。但是，这些活动主要还是局限于少数大城市和发达地区，而且在文化交往的过程中，许多国家又有诸多限制。所以，必须进一步建立健全全球文化交流的新机制，形成多渠道、多层次、多形式的自由交流格局。

值得注意的是，世贸组织规则使世界文化产业的交易与贸易更加自由和方便。世贸组织及相关协议将世界贸易规则扩展到了服务业，它要求缔约方对外国的服务和服务提供者给予最惠国待遇和国民待遇，强调缔约方之间应在无歧视的基础上进行贸易，从而降低了文化产品的市场准入标准，文化产业和文化市场将由有限范围和有限领域内的开放，转变为世贸组织规则框架下的多领域开放，各国文化产品、文化企业、文化产业都将更加便利地走向世界市场，与国际文化市场接轨。

经济全球化带来的跨国经营和跨国贸易，使世界各国文化产品的生产、流通、消费和服务趋向全球化。

第四节　中国文化产业的战略选择与执行

制定文化产业发展战略的目标是在文化产业领域推行战略管理。很多人认为，只有企业才有战略管理，这其实是一种误解。文化产业的战略管理是国家、地方区域或文化企业对于全局性的发展方向做出决策，并根据组织、领导和控制等职能，保证发展方向得到有力贯彻的一系列管理工作。文化产业战略管理包括五环节：战略分析、战略选择、战略决策、战略执行、战略评估。其中有两个重要环节：战略选择是文化产业战略管理的基础，战略执行是文化产业战略管理的关键。

一、战略选择是文化产业战略管理的基础

（一）文化产业战略选择的原则

结合当前我国文化产业发展现状及存在的问题，文化产业的战略选择主要应把握以下原则。

1. 要透过纷繁的现象把握本质

进行战略选择时，有很多影响因素，有些是本质的因素，有些是表象的因素。要透过纷繁的现象来把握本质，才能在进行战略选择时不被表象所迷惑。掌握比较充分的信息，是透视本质的必要条件。实际上，本质的把握来源于充分掌握各种信息并依靠科学的分析能力。例如诸葛亮之所以能够提出清晰的"三国鼎立"的立国战略，并说服刘备，是因为他对当时全国的政治、历史、地理、经济和社会力量等各个方面的信息比较熟悉，同时具有高超的分析能力。

把握本质可以确保战略重点和战略可行性。战略的本质就是实现可持续发展的途径及方法；人力资源的本质是以人力为资本，是可以创造价值的资本；企业文化的本质是以人为本，倡导企业的主流价值；文化产业的本质是商业而不是文化，虽然它是关于文化产品和服务的商业。把握本质之后，就可以围绕该本质来开展工作。例如从人力资源的本质来看问题，就是要把企业家的作用发挥到制定发展战略和其他重要事项，而不是对大小事情都事必躬亲，要学会抓大放小，坚持有所为、有所不为。其中的"大"和"为"就是本质性的问题，只有认识到重点所在，才能抓住具有战略性意义的部分。

2. 要完整准确地进行结构性全局的把握与分解

战略性思维重视结构性全局的把握和分解。所谓结构性全局的把握，就是以空间性的鸟瞰来把握未来的走向。对于结构性全局的把握，不同性质的事物有着不同的解决问题的方法，一方面必须把握全局（包括从空间上和时间上），另一方面要对全局内部的细分结构加以把握。结构性全局的把握与结构的分解细化，它们之间是互动的。

战略性思维对结构性全局进行把握和分解，要重视整体观与具体化的统一。事物的性质决定事物的本质，从结构性全局来看，要抓根本、要治本。但是，有时急迫的事情（标）没有处理好，会严重妨碍本的处理。因此，不是等治"本"了以后才治"标"，而是要标本兼治。标本兼治，既是对结构性全局的把握，又有对结构性全局的分解。以"三农"问题为例，"三农"问题可以是个整体，需要从根本上、从总体上加以解决。但"三农"问题又是包含农业、农村、农民三类不同性质的问题，可以区分问题的不同性质，分先后分别加以解决。

要完整准确地进行结构性全局的把握与分解还要善于进行比较分析。有比较才会有鉴别，这是一个常识。在重要的战略选择上，需要比较各种可能的机会、问题和方案，对于一个有疑义的方案，可以通过比较分析来看清决策的要素。文化产业中的某个门类的发展战略，是不是与发达国家的某一阶段的做法和市场环境具有相似性，可以进行一些比较与借鉴，以避免走弯路。

比较应当包含反向思考、换位思考。如果在战略选择中确定了某个方案，并不是由于你本来就只有这一个方案，而是在与其他方案的比较中，这个方案是最好的。如果要进入某一个领域，也要去做比较：相对于正在做的这件事，你有什么优势？如果现在没有优势，那今后会不会有优势？总之，战略选择应当记住两点：第一，承认变化无时不在（客观方面）；第二，在比较中找到自己的长处（主观方面）。在作比较的过程中，有时需要从反向的角度来思考。比如无形资产在文化产业中发挥的作用可能高于有形资产。因此，文化产业的发展战略应当重视品牌、技术、内部管理等方面的要素。

3. 要具有基于事物发展逻辑过程的前瞻性

所谓前瞻性，就是战略选择时不要仅看眼前的情况就事论事，而是要把短期和长远的发展结合起来。前瞻性就是所选择的战略能够把握事物发展的趋势，能够判断到在某个时间段里会有什么事件发生。例如中国有很多家长热衷于把孩子送去学艺术、学表演，但是，举国上下13亿人中能有几个大明星？这么多人都去学，最后能成功几个？这就是没有前瞻性的表现了。又比如凡是比较热门的专业，几乎所有的高校都竞相开办。可几年后，热的专业可能因此饱和，冷的专业反而紧俏，这也是没有前瞻性的表现。因此，文化产业发展时要清楚，今后三五年内产业会发生什么变化？只有把握住了这些才能作进一步的战略规划。文化产业的发展战略需要具有前瞻性，才能很好地把握住它的走向。

但是，这个前瞻性不是越远越好，你如果看得太远了，就像走路一样，是要摔跟头的。所以，前瞻性并不能忽视眼前的问题，重视眼前的问题并不意味着没有前瞻性。因此如果忽视了眼前的问题，反而成为"虚无缥缈"了。因此，前瞻性是要按照从现在到未来的次序来展开的，这里的未来是可把握的未来、是与战略方向和战略目标一致的未来，这个时间次序是按照事物发展的逻辑过程向前推进的。

具备前瞻性能够使文化产业发展避免一些盲目的风险。例如凡事"一窝蜂"而导致的"撞车"是一种风险。如果具有前瞻性，就可以通过对某些趋势的预测来避免"撞车"。如果不去把握趋势而只看眼前的话，是会吃大亏的。比如当媒体报道网络游戏和动漫有"暴利"的时候，当一些影视剧挣了大钱的时候，跟风而上的结果就会造成泡沫。在文化产业领域特别要有基于事物发展逻辑过程的前瞻性，才能避免恶性竞争。

4. 要考虑价值观的相容性

在文化产业发展战略的选择过程中，确定所选择的战略是否与价值观相一致，这就需要进行两个方面的分析：首先进行战略定位分析，把文化产业的发展战略分解成若干个主要的战略任务，为每一战略任务进行定位。然后考虑价值观相容性，即战略任务和价值观之间的相容程度。

这就是文化产业的发展战略与价值观的相容性分析。这种分析的意义在于，当发现文化产业的发展战略与价值观存在严重不一致时，可以采取措施，降低风险，提高战略实施的成功机会。对于文化产业来讲，实行新的战略前对战略与价值观进行相容性分析是十分必要的。从价值观与战略的相容性来分析，价值观对文化产业的发展战略的影响是很大的，一般说来，战略所需要的基本信念和经营行为方式可以与价值观相一致，也可能与之不一致，如果价值观与企业战略不一致，相互抵触，就难以成功地实施这一战略，但现有价值观的阻碍作用也会从负面影响文化产业长期经营业绩的取得。

从一般意义上讲，价值观与文化产业的发展战略的相容性关系可以分为以下三种：一是相容，二是基本相容，三是不相容。文化产业在实施其战略时要充分考虑与价值观的相容性，但不能为了迎合现有的价值观，而将新的战略修订成与现行价值观相一致，这是不符合文化产业长远利益的。当文化产业的发展战略与价值观不一致，而为了文化产业的长远发展又必须实施新的发展战略时，需要从两个方面采取管理行动：一是要痛下决心进行变革，二是倡导形成新的价值观。

文化产业本身是主流价值的载体，价值观与文化产业的发展战略在本质上存在着一致性，二者密不可分。但由于价值观属于文化范围，价值观对于文化产业的影响是潜移默化、源远流长的。总体来看，价值观对于文化产业的发展战略有着潜移默化的多层次的影响。考虑价值观与文化产业的发展战略的相容，重视了价值观因素，科学地选择文化产业的发展战略，文化产业才能适应瞬息万变的市场，竞争力才能在市场中充分显现不同的文化产业发展战略需要不同的价值观与之匹配、相容，并推动、促进文化产业战略目标的实现。

（二）文化产业战略选择

文化产业的发展战略，是一个庞大的系统，从不同的角度来看，有不同的分类方法，加上不同的人有不同的理解，文化产业的发展战略可谓众说纷纭。经过梳理，我们还是可以从这个复杂的庞大的系统中整理一个基本的框架。大体来讲，文化产业的发展战略可以从三个维度进行分解。

第一个维度是前面已经谈到的，从文化产业的发展战略的层级来划分，可分为国家战略、区域战略和企业战略。国家战略是文化产业的宏观战略，区域战略是文化产业的中观战略，文化企业战略是文化产业的微观战略。从世界各国文化产业的实践来看，国家战略和区域战略大多是制定支持文化产业发展的法律与政策，对于文化产业的发展影响很大，但一般来讲，没有多少选择，由于很少有国家和区域会制定不支持文化产业发展的战略。要真正促进文化产业的发展，文化产业的企业战略是最重要的，是文化产业能否真正实现其战略目标的关键。

第二个维度是文化产业发展战略方向的选择。无论是国家、区域还是企业，战略方向有三种基本的类型：一是发展性战略，二是稳定性战略，三是撤退性战略。根据前面的综合分析，文化产业的总体战略形势是：机遇大，优势明显，风险较大。因此，无论是文化产业的国家、区域还是企业战略，总体战略方向基调应当是发展性战略，但不同的区域，特别是不同的企业同时要考虑到稳定性战略，个别还要考虑撤退性战略。

第三个维度是文化产业发展战略内容的选择。文化产业战略目标必须分解到具体的层面（职能），通过各项职能活动，保证总体发展战略的实现。具体内容、具体职能的发展战略，也可称之为文化产业的职能战略或战略内容。相对文化产业的总体战略，职能战略是总体战略的组成部分，比较具体，主要涉及协同作用和资源配置等战略构成要素。如文化产业的人力资本战略、技术发展战略、市场营销战略等。

对于每个维度，还可以进一步细分，如发展性战略又可分为三种类型，即集中战略、一体化战略和多元化经营战略。集中战略是指将全部或绝大部分资源集中使用于某一行业或行业领域，力求在该领域中取得最佳业绩，包括市场开发战略、产品开发战略等。一体化战略是指在目前经营范围的基础上进行横向或纵向的扩展，包括前向一体化、后向一体化、横向一体化。多元化战略是指企业同时提供两类或两类以上的产品或服务，包括不相关多元化、相关一关联多元化、相关一限制多元化、纵向多元化。

这样，从以上战略层级、战略方向、战略内容不同维度来分析，文化产业的战略是一个十分庞大的系统，而且不同维度还可以交叉组合。越细分，系统越庞大，组合越复杂。加上不同的人有不同的理解，文化产业的战略选择就显得十分重要。

由于文化产业的发展战略是一个庞大的系统，但文化产业的战略选择并非越多越好，一定要选择最适合本国、本区域，或本企业的战略。

具体到文化产业的区域，特别是企业发展战略，往往是选择一两个战略就可以振兴一个区域或企业。如果什么都选择，可能什么也执行不了，等于什么也没有选择，最终一事无成。本书从战略内容入手，选择当前文化产业特别需要引起关注的四大战略：文化产业的品牌战略、文化产业的市场拓展战略、文化产业的资本扩张战略和文化产业的人力资本战略。在具体阐述时，以企业战略为主，兼顾述及国家战略与区域战略；以发展性战略方向为主，兼顾阐述稳定性战略和撤退性战略。这样，抓住了文化产业发展战略的主流和本质，对文化产业的发展战略具有操作层面的指导意义。

二、战略执行是文化产业战略管理的关键

战略制定后关键是执行，再好的战略，没有人去执行或执行不到位也是没有用的。所以，战略制定后并不等于达到了战略管理的目的，关键是通过战略管理实现有序管理，使战略有据可依，并在管理过程中不断完善战略方案。

（一）形成战略共识

战略共识是战略执行的基础。在战略执行中存在这样的现象：当组织制定出战略后，战略执行后，往往发现最后的结果与当初的预期有很大的差别。这时，普遍会反映说是执行不力。的确，我们应当承认，执行能力有大有小，但也必须反省一下，在战略制定前，有没有和执行者进行过深入地沟通。决策者和执行者之间对战略的要求是否达成一致，也就是双方有没有达成战略意图的共识？这里的关键问题是决策者与执行者之间对战略能否取得共识。

没有取得共识的原因可能包括几种情况。第一，理解不一样。制定战略的人所接触的可能是整个行业的情况，信息又非常灵通；而执行战略的往往只是埋头于具体的工作、执着于一两件具体的事项。这样，两者之间关于文化产业的发展战略就会缺少一致的认识，由于理解不一样，执行的结果与设计的初衷就有了差距。第二，缺乏执行的积极性。由于老担心执行走样，在这样的情况下，决策者对执行者不甚放心。而不放心的具体结果就是，让执行者去做一件事，但在做完后，都要亲自再过一遍；不满意的话，甚至要推倒了重来。这样一来，所有在这之前的执行就全都没有意义了。所以，执行者就不会再有积极性了。这样对战略的执行没有任何好处。

最后所导致的结果，并不是手下没有执行力，而是他们越来越不愿意执行了。

因此，进行文化产业的战略规划，在内部统一思想，明确产业的发展方向、目标及实现产业目标的途径与手段，并制定详细的计划将战略转化为具体可操作的行动计划，也就是形成战略共识是这个阶段文化产业发展战略要首先解决的问题。真正好的执行者是会把握好分寸的，执行战略与制定战略基本上是一致的，这才叫作有共识的执行。要做到这一点，在战略执行之前多作调查研究，执行之前与执行者进行深入讨论，取得共识，一直到几乎所有的进程都能够明确到具体的数字为止。同时，还要在具体的执行过程中，注意培养执行者的独立执行能力。

（二）规范执行程序

设计合理的战略流程与运营流程，让战略适合于竞争环境的同时更加适合于执行，这就一方面要求决策者制定战略时要考虑这是不是一个能够彻底得到执行的战略，另一方面要求决策者要用战略的眼光诠释执行。好的战略应与规范的执行程序相匹配。因此，决策者制定战略后也需要参与执行，只有在执行中才能及时并准确地发现战略目标能否实现，从而决策者可以及时依据执行状况调整战略，这样的战略才可以有效达成目标。如果决策者角色定位错误，忽略执行程序，等到发觉战略不能执行再调整则悔之晚矣。

萨嘉塔提出了有效执行程序的七个步骤：一是量化愿景，二是用口号传达战略，三是规划结果，四是规划你不做的事，五是开放战略，六是状况与进度自动化管理，七是建立执行与战略之间的良性循环。战略管理就是管理战略执行的程序，只有规范战略的执行程序，才能使战略与执行之间良性互动，从而促进战略目标的实现。萨嘉塔的观点很有价值。

简单地看，规范战略执行程序要特别注意把握好以下几个关键环节。

第一，所有的人，无论是做哪件事的，只要是与这件事相关的，都应能对战略有整体的把握。如果对整体性把握很差，在执行上一定会有很大的差别。战略制定者一定要让所有的人提升对战略整体性把握的能力。

第二，要对战略进行分解细化处理。一个战略，要执行就一定得分解，明确各执行人负责什么，使之成为可执行的项目。

第三，对执行中的具体方案和进程一定要及时把握。具体的战略方案要落实到具体的可控制的程度，这样就能够监控进程，不行的话，马上进行战略调整或人员调整等，如果等到一件事已经完成了才说不行，才去重新洗牌，那时的损失就可能会倍增。

第四，要及时反馈执行过程的各种信息。在执行的过程中，一定要及时反馈信息，否则就会处于盲态。

（三）整合执行能力

花大力气制定了文化产业的发展战略，由于对战略缺少了解，不清楚工作方向，资源不能按照发展战略的要求进行配置，导致战略与产业发展脱节，战略到头来是被束之高阁的装饰品。战略制定层不能对战略执行能力进行整合，无法在重点指标上获得突破，结果将与战略目标相去甚远。

《财富》杂志近年的一项统计表明，美国只有不到10%的企业战略得到了有效的执行，而在企业战略有效的执行上中国更低。在充分考虑行业外部环境和内部条件的前提下，整合符合文化产业发展战略的执行能力，将绩效评价同战略管理的核心要素整合起来成为战略执行的关键。战略执行的关键在于建立科学的绩效评价制度。虽然建立起了绩效评价体系，但执行效果并不理想，其核心原因是没有进行有效整合，造成运营与绩效评价的脱节。只有将绩效评价与战略管理的活动有机整合起来，才能获得内外一致的战略执行力。

比如文化产业通过SWOT（即优势、劣势、机会与威胁）的分析，根据产业发展所处的阶段，决定采用"成本领先"的竞争战略，但如何制定其相应的职能战略（包括营销战略、市场战略、生产战略、财务战略、人力资源战略，等等）？如何将竞争战略与职能战略融为一体？如何使各职能战略之间相互协调？又如何衡量战略目标与业绩，从而使成本领先的竞争战略及各职能战略得到很好的执行呢？这不仅取决于战略的正确制定，还取决于战略执行能力能否得到有效的整合。

（四）让执行者参与决策

战略执行还要解决"让执行者决策"的问题，以及在沟通过程中完成对执行者决策能力的培养问题。

现实中，有很多战略制定者没有从积极的角度来看待执行者的"不配合"，他们认为这是执行者"不忠诚"或者是"太懒"。而实际情况并不是这样的。大多数执行者都是很想干好并且很想受到赏识的。但由于缺少信任和激励，执行者就会越来越没有积极性。这是战略执行上的大问题。

如何让执行者有积极性，最好的办法是充分授权。在多数情况下，因为不知道授权下去以后如何才能控制好，决策者通常的做法就是不授权。的确，如果决策者和执行者之间没有进行过很深入地沟通，那就千万不要授权。这不仅仅是因为你的授权是不可靠的，还因为不可靠的授权会对文化产业的发展造成很大的伤害，而执行者的积极性也会被严重挫伤。

如何充分授权，授权后如何控制？最好的解决办法是让执行者参与决策，让执行者参与决策，执行者的积极性通常会很高，但监控一定也要及时，否则就会失控。所谓"充分授权"，就是说，在战略制定过程中，让执行者参与决策，然后，在战略执行过程中充分授权，这时只要监控执行者是不是在按照事先约定的那套方案来做。当然，监控也不是凡事"插手插脚"，而是要知道战略执行的进程。

总之，让执行者参与决策，才能在战略执行过程中充分授权，这两者结合起来，才能真正提高执行者的积极性，提升战略的执行力。

第四章　新媒体视域下新闻出版文化产业创新发展

第一节　人工智能带来的新闻生产方式之变

伴随着互联网时代的终结，人工智能时代已经在多个领域宣告到来。人工智能（Artificial Intelligence）业界惯称为"AI"，人工智能借助算法构建专门用于新闻写作的机器人就被称之为"机器新闻""自动化新闻"或算法新闻工从互联网时代的"连接一切"，到人工智能时代的"唤醒万物"，或许人工智能并不是之前在新闻传播领域苏醒的，但却已是目前最直接作用到大众的日常生活中，在大众传播的舞台上，潜移默化地改变着新闻的出场方式。在互联网驱动下，今日头条、手机百度信息流等新闻聚合平台逐渐崛起，基于个人兴趣爱好的新闻推荐以及实时更新的算法机制使得新闻生产的压力越来越大。用机器人写作一些较为简单的诸如快讯之类的新闻消息与记者经过调研分析写出的调查性报道、新闻评论等一同注入媒介平台信息池，在一定程度上弥补了新闻市场中供需不足的问题。

一、机器人新闻的崛起

据不完全统计，国内至少有 10 家新闻媒体推出了 13 个智能新闻机器人产品或应用，进行线上线下融合创新报道发布。其中较为引人瞩目的有新华社于 2015 年推出的"快笔小新"，通过输入一个股票代码就可以在 3 秒钟的时间里生成一篇配有标题、图表等信息的完整财经新闻稿件。"快笔小新"代表了目前国内大多数的新闻写作机器人的新闻写作能力，主要写作体育、财经等具有时效性且无需进行大跨度信息聚合的新闻消息。同年百度上线智能写作机器人 Writing-bots，除了具备前者的写作能力之外，还可以完成知识类和资讯聚合类的文章写作。知识类基于百度自家产品诸如百度百科、百度知道等对于知识的定义性说明及相关内容介绍从而形成科普类文章，而资讯聚合类新闻则满足了用户对于热点话题信息的高效获取需求。通过捕捉热点话题获取基础内容，进而挖掘该话题下所涵盖、辐射的子话题聚类，通过最后的梳理调整形成一篇可呈现热点话题依照时间脉络梳理并能进行相关话题整合的综合性新闻。另外还有专职于某一领域的新闻写作机器人，如腾讯财经研发的"Dreamwriter"，可撰写发布"数据发布+百家之言"结构模式的财经类新闻消息。地震信息播报机器人在突发性自然灾害事件"四川九寨沟地震"的报道中仅仅耗时25秒自动信息编发出包括"速报参数、震中地形、震中简介、波及人口、当地天气等十余项内容"的新闻速报，并在地震后第一时间经由中国地震台网的微信公众平台发出。

二、用"5W"分析新闻生产方式之变

机器新闻的出现基于及时更新、互联共通、云端共享的大数据时代所夯实的基础，零散的碎片化信息借助于新型算法得以去芜存菁、精准获取，并能根据某种相关性生成集合。人工智能在新闻生产各环节究竟扮演了何种角色及其引起了哪些变化，借助于拉斯韦尔经典理论"5W"模式可以从中窥测一二。

从传播者的角色来看，主流媒体仍然是传播过程中的信息发出者，而人工智能在其中所扮演的只是一个打工者的角色。在新闻编辑部门中，人工智能所孵化出的新闻写作机器人所能完成的是输入确定指令的工作，基于一定的算法产出新闻文章，而且这类新闻大都是新闻记者所不愿意写的数据叠加类的体育快讯、企业财报等机械性劳动成果。掌握传播话语权的主流媒体给新闻写作机器人划定新闻来源信息池，使其能够读取大量结构化、标准化的数据并生成新闻写作模板即可算作其最终完成了"机器学习"，可以应用于新闻内容生产。机器新闻产出后，负责该条新闻线的记者与编辑将依次担任"把关人"，对于新闻写作机器人所完成的作品进行审查后方能最终发出。"把关人"需要审查的不仅仅是语句的通顺与否，还需要依靠自身所掌握的知识与经验对于人工智能抓取的信息进行再次把关检测，人工智能并不具备思考分析能力，也无法摆脱人的控制（输入指令等）独立完成新闻生产过程，其所实现的自动化目前尚在于新闻内容写作这一环节，而并不是真正意义上的"完全自动化。"

从传播内容的层面，现阶段机器新闻绝大部分为事实性的客观报道，无法产出具有分析评论性的深度报道。对于规格化的新闻资讯（例如灾害、体育、财报等动态信息），人工智能技术可以使机器新闻做到精确、迅捷的生成和发布。匪机器新闻

写作可以划分为写什么、怎么写、最终呈现三个步骤。在写什么这一环节，新闻写作机器人被人工智能算法圈定信息获取领域，算法依照层级筛选获得精准信息，在此过程中无须人每次都重复输入指令，确定新闻素材后，人工智能将进行初步的文档规划，确定新闻文章的大致框架结构。到新闻文章怎么写的环节，人工智能将对于这篇文章进行微观层面的剖析，从遣词造句到段落生成，最后依照逻辑顺序进行组合段落。新闻文章的最终呈现还需要进行自我校对、润色改写、图表适配等步骤，是否存在基础写作的错误，新闻话语如何更加准确流畅，以及是否可以从信息池中抓取适合的配图、表格等进行表达优化。在此环节，人工智能虽不具备思考能力但依靠算法上的设定进入"机器自省"层面。一篇机器新闻报道形成后，进入到前文所述的记者、编辑把关环节，对于文章进行再次审查，最终成为一篇进入分发渠道的新闻报道。

从分发渠道上来看，人工智能帮助机器新闻快捷、准确地抵达受众群体。在媒介融合的形势驱动下，主流媒体与媒介平台合二为一，最终呈现全媒体平台化。传统媒体的议题设置，主要取决于当时的新闻热点、宣传管理部门的指令、媒体同行的选择和编辑记者的经验。但是，人工智能技术出现后，媒体议题设置和编排分发的旧有规则被打破了。算法推荐新闻，以及受众之间的相互推荐，逐渐开始争夺内容分发的主导权方面对内容分发的新型玩法，传统媒体要想跻身其中继续保持自己的玩家身份就不得不迫使自己也开始做出改变。以人民日报为例，历经 Web 时代到移动互联网时代的洗礼，掌握新闻传播话语权不再依赖于发行纸质报刊，而是积极实现线上线下、跨平台联动。除了在微信、微博、今日头条、百家号等平台中开通官方主体账号外，还推出了人民日报客户端，独立形成内容分发渠道。类似的独立分发渠道由于自身的研发技术薄弱，依旧遵照"时效性第一"的分发原则，通过设置频道，形成不同的内容区间。而今日头条、手机百度等分发端口的优势在于，它们依靠其公司强大的技术基因，以人工智能技术为支撑，形成了基于用户兴趣的个性化新闻推荐。人工智能利用个性化推荐为机器新闻铺路，将其送到了关注该类新闻的用户眼前。

从受众群体的角度看，人工智能在一定程度上满足了受众的阅读需求与参与新闻生产的能力。机器新闻作为人工智能在新闻传播领域的重要产物，具有海量生产能力和"一触即发"式的新闻生产速度。一方面，经过机器学习与长期训练后，新闻写作机器人形成了特定的新闻写作模式，因此可以利用极少的时间快速形成文章，如国外知名科技公司 Automated Insights 公司介绍，该公司旗下研发生产的新闻写作机器人 Wordsmith 在 2013 年一年生产了 3 亿篇各类形式的新闻报道，平均每秒钟就可生产出约 9.5 篇。另一方面，先进传播技术的发展推动了公民新闻运动的崛起。国外学者谢恩·包曼与克里斯·威里斯将其定义为"公民积极参与手机、报道、分析、传播新闻和信息过程中的单个或群体行为"。普通大众可以借助于手机等工具在社交平台发布即时信息，而正在向专业媒体演化的自媒体借助于各类全媒体平台所提供的宽广空间可以生产发布较为专业的文章，满足了一定条件的信息即可作为客观事实型讯息或者新闻内容相关分析收录整合进入机器新闻写作中，成为丰富的新闻素材。因此，除了 PGC 权威的信息来源，更具灵活性、丰富性的 UGC 内容也进入到机器新闻的信息池中，从这一点来说，人工智能也推动了公民新闻运动的发展。

最后从传播效果上分析，人工智能虽然为新闻生产带来诸多便捷，创造了更好的效益，但同时也引入了新的麻烦与思考。受众不再依靠报纸、广播电视报道获得自己关注的信息，移动端媒体平台中人工智能的实时监测和多媒体信息的快速整合使得受众能够在第一时间快速掌握关注领域相关信息的全部内容。在 2016 年里约奥运会期间，各平台新闻写作机器人纷纷亮相，在自己擅长的体育领域屡屡大显身手，比赛中的比分情况在各端口中几乎实现了近乎无延迟的实时更新。当然机器新闻并非都是有益的，正如主流媒体中为了保证新闻的质量而坚守的把关人角色，一旦机器新闻缺少把关人，那么信息的真实性就无法保证，机器新闻在这种情况下就会被别有用心的人操纵，从而达到某种不可告人的目的。例如国外总统竞选期间，大量的通过网络爬虫和语言识别"制造"出来的假新闻曾大行其道，干扰了正常的竞选秩序。机器新闻由于只是较为简单的、纯理性的知识性信息，而不存在深度的、感性分析与评价，因此对于受众来说，人工智能带来的新闻只是给予了知识补充但直接作用于受众思想的部分极小，套用"魔弹理论"来讲，受众只是"中弹"，而不会"倒下"。

三、隐式反馈突破线性传播模式

在互联网出现之前，新闻报道发出后如何知道受众对其的喜恶，这个问题对于传播者来说是一个难题，传统的线性传播模式使得信息只能自发出端向接收端流动，而无法形成有效的动态回溯。传统的做法是通过长期以来行业经验总结的规律来按部就班做新闻，对于传播效果无法得出量化的结果，也就无法及时、精确地改进新闻生产过程中的缺点。互联网的出现和人工智能的发展不仅使得新闻的传播渠道发生改变，更令传播者感到欣喜的是，技术让受众在网络中的行为得以保留，这些不直接表现出用户倾向的隐式反馈线索，使得单向传播模式被彻底打破，为传播者进行效果分析提供了完整的资源素材。

通过数据挖掘可以在服务器日志中得出互联网用户行为顺序，即在某一时间段内，按照时间先后顺序记录的用户从事某种活动的每一步行为。用户行为序列收集的信息包括个人在网站填写的注册资料、用户浏览过的网页和浏览时间、浏览习惯等。也就是说，一篇新闻发布在网络媒介平台中，受众群体从点击开始浏览到关闭页面其中的所有信息均可以利用其来完整复原，这对于传播者来说，其作用等同于受众站在面前告诉你这篇新闻是否满足他的需求。举例来说，假设以正常速度阅读完一篇 2 000 字的新闻稿件的时间约为 5 分钟，那么某用户点击打开页面到关闭的事件我们视为他的阅读时间，如果该时间长度在 5 分钟上下浮动，则可以推断此篇新闻信息达到传播效果、被正常接收。但当这个用户时长普遍过短则可以尝试推断新闻内容对于该名用户来说可能不具备吸引力，甚至是无效传播。在阅读新闻时，用户通过拖动鼠标或者滑动屏幕进行阅览，那么拖动或者滑动的长度也可以作为一项传播者调整新闻内容写作框架的重要依据。如果一篇新闻普遍只被阅读至三分之一处就被关闭，那么传播者则可以考虑将希望被用户阅读的重要信息放在整篇文章的前三分之一部分。

人眼识别是人工智能的又一重要应用功能。随着智能设备的进步，可以大胆推测未来通过人眼识别也可以帮助获取受众群体阅读新闻的精细化浏览信息。通过人眼检测，精确获取眼球位置，就可以得出受众具体浏览过哪些文字，这对于新闻内容生产来说更具备直接指导意义，这也是一种有效的隐式反馈。传播者提取字段并进行归纳总结，经过反复训练就可以得出更适应于受众阅读方式的新闻文章。

人工智能的发展必然将新闻传播引入一个全新的"AI 媒体时代"，记者作为某种劳动力的"解放"虽然也引发不少人对于人工智能谈虎色变，但推动人类从低级生产迈入高级生产是技术发展的必然，AI 媒体时代也必将产生诸如"训机师"之类的职位，如同平台的角色不再是普通媒介一样，未来记者不会失业，只会发生身份的改变。

第二节　场景化时代新闻业的变革研究

如今，Web3.0 已经走向了场景细分时代，新闻业的信息传播日益场景化，研究新闻业面对场景时代的变革对于其未来发展方向具有重要意义。胡正荣把 Web3.0 定义为"场景细分时代"，"每个人的角色都是在特定时间、空间、情景、场合和需要中实现的，而围绕个人存在的这一切就是场景"。"场景概念的兴起打破了原有的媒体认知，'用户思维'重新结构"，对媒体而言，"场景化应用"意味着媒体将在场景感知与信息适配的需求与模式探索上殚精竭虑。传统媒体时代的新闻业以内容和形式为方向，已经不适用于场景化时代中"无社交不新闻"的共识。基于场景的服务就是移动传播的本质，也是场景与信息的匹配，换句话说，移动互联网时代争夺的是场景。移动互联时代即场景化时代，新闻业面对各行各业针对场景的变革，只有顺应时代发展，才能在行业中抢占先机。

一、基于场景的移动传播

"场景"原是影视或戏剧语言中的专业术语，指的是"在特定的时间、空间内发生的有一定的任务行动或是因为人物关系所构成的具体的生活画面"，梅罗维茨在戈夫曼的戏剧理论上现代背景进一步扩宽了"场景"的概念，并且将其概括为"情境"。他认为媒介并不是单纯的渠道，而是一种"社会环境"或者是"上下文"，超越了地域的限制。"对人们交往的性质起决定作用的并不是物质场地本身，而是信息流动的模式……我们所研究的场景不能仅仅局限于时间、空间这种实体性的场景，而应该将其内涵扩大化，以更广泛包容的态度获取信息"。梅罗维茨认为新的媒介会造成新的情境出现，新的情境会触发新的行为，不仅时间和空间的变化会导致新的场景触发，带有"感觉情绪"的情境变化同样会触发新的情境，并且这种变化是一种动态的变化，时空、情境随时都在发生变化，他们之间的无数种结合方式，让场景变得更为复杂多变。

二、场景化时代新闻业变革的必然性

（一）移动媒体是新闻业发展的关键

在《即将到来的场景时代》中罗伯特·斯考伯和谢尔·伊斯雷尔指出了与场景时代相关的五素：大数据、移动设备、社交媒体、传感器、定位系统。他们把这五种要素称为"场景五力"，并认为"五种原力正在改变你作为消费者、患者、观众或者在线旅行者的体验，它们同样改变着大大小小的企业"。《移动互联网产业发展报告》中指出，平均6.5分钟就会看手机，超过一半人有严重的手机依赖倾向，在吃饭、坐车、睡觉前、等红绿灯等场景下都是使用手机的场景。新闻业必须面对传统的广播、电视、报纸等媒体不再是人们首选的接受新闻方式的现实，而是在场景的五要素之移动媒体中寻找突破的方向，迎合受众群体的习惯，获得更直接的新闻传播效果。

（二）新闻分众化的需求是场景时代的新闻业变革必然趋势

新闻业已经有了体育新闻、时事新闻、娱乐新闻等大类的划分，但是基于场景时代的受众细分，使得每个人都想要看到专属个人的新闻推送。互联网技术的快速发展使得海量数据提供成为可能，用户可以自由的搜索数据、获得数据、分享数据，无论多么小众都会受到追捧。在场景时代，依托于大数据技术，专业媒体完全可以监测用户的网络使用痕迹，包括使用怎样的终端上网，应用在何种场景下，信息获取的方式等。场景服务对每个用户在网络上的行为所形成的数据库进行分析，并且比对同类用户的类数据库，从而提供更高效、准确的服务。

（三）新闻生产者向用户倾斜使得场景在新闻业快速发展

如今，话语权不再属于精英媒体，通过社交网络和移动媒体，每个人都可以产生新闻、传播新闻、评论新闻，新闻主体变得多元复杂，异质性明显。公民新闻、众筹新闻等新闻模式的出现使得用户可以从自己的视角将自己所见或突发事件记录下来，在网络上进行传播，场景时代下，传统的由媒介机构主导的新闻传播方式发生变化，因此，场景的概念被延伸，不仅是发生地点中的人与周围环境关系的空间定位，也是用户传播新闻、匹配信息推送的方法。同时，受众本身作为新闻生产者，基于"使用与满足"理论，会产生强烈表达欲望，希望获得追捧、认同、关注，成为能够影响别人的意见领袖。所以，对于受众来说场景下的新闻传播更有获得感。

三、场景化时代新闻业的变革方向

（一）"场景＋任务"的营销理念变革

移动互联网的快速发展，受众的需求不再是静态的，而是在一个个场景中的动态需求，并且这些需求也进一步细分。"场景＋任务"的营销理念要求以"场景"为核心，以帮助用户完成任务为目标。当所提供的服务或者产品有利于解决用户在特定场景下的任务，那么营销的效率将会大大提高。

1. 向预测用户需要转变

现在，新闻业的市场营销方向还在满足用户需要的层面上，用户提出需要什么服务和产品，再去提供需求，但是，在场景化时代，这种营销方式已经不能满足受众的需要。现在，新闻出版业不但需要清楚用户所在的场景是什么，有什么特点，在这个场景中需要完成什么样的任务，可能会用到什么产品，可能需要何种服务，还要准确地预测用户可能会经历的相关场景，提前想用户之未想，致力于能够洞察用户未来需求的服务。

2. 场景细分要求不同场景不同产品

场景时代，不仅场景进一步细分，任务也被划分的更加精准，新闻出版业需要将场景—任务—品牌—产品四者联系在一起，使得用户在经历某个场景，能够想到对应的品牌和产品。受众群体在场景中需要完成任务，任务涉及相应的产品和服务，这时，如果这种服务和产品能够让受众自然地联想到某一品牌、某一机构，那么对于品牌来说，这种品牌价值和受众群体之间的关联就是稳固的。

3. 跨行业竞争加剧

"场景＋任务"的营销理念，与行业无关，只和结果有关，无论你来自什么领域，只要能够高效地为用户提供解决方案，都能够成为用户青睐的对象。相对于传统的以产品和服务为导向的营销理念，"场景＋任务"所涉及的范围更加广阔，竞争不再局限在同行业，更多地开始跨界竞争，比如新闻类 App 提供美食、住宿等服务，美团点评加入打车服务等。

（二）"场景"丰富新闻获取渠道

新闻不再仅仅掌握在传统媒体手中，随着移动互联网的发展，更多的新闻渠道出现，特别是社交网络的崛起，许多重大新闻的开始都来源于社交网站，短视频方向上"梨视频"的新闻社交也是新闻获取的重要渠道。新闻让人们获得知识、最新资讯满足人们信息需求的同时，也有利于人们之间更容易地展开话题，参与讨论，个体在群体中为了获得认同感、归属感，会主动去关注自己不感兴趣但其他人讨论度很高的内容，这时候基于朋友之间的"分享"会有更高的接受度。在社交网络中，每个人都有自己的"人设"，每一个表现都是个人形象的一部分，对于分享、点赞、转发、评论等行为都是个人形象的组成部分，为了在他人心中营造一个良好的人设，所涉及的内容会进行仔细地甄别，优质的场景分享会进一步提高个人价值和社交网络的价值。

1. 场景的终端融合让信息渠道进一步扩充

场景时代，谁抓住了用户的注意力，谁就抢夺了话语权，利用场景可以自然的说服受众进行不同终端的转换，从而又进入到更多的场景当中产生更多的行为。移动与电视终端不再是单独的个体，利用互联网进行融合，春晚支付宝抢红包，通过传统媒体的指令，转移到新媒体这个新的场景下，让传统媒体用户熟悉了新媒体，成为新媒体的用户。

2. 场景精确了新闻获取渠道

场景的要素之——定位系统使得新闻的获取渠道更加精确。新华社推出的"我在现场"App在获得用户地理位置授权之后，会根据用户的行为、喜好等推送基于位置的个性化新闻。场景化时代，新闻出版的新闻实践形式的边缘被溶解，技术让新闻形式和内容都更加丰富多样。这种强调"空间"的新闻推送方式，可能会逐步发展成为"地图新闻"。

3. 场景精准了受众接受渠道的习惯

受众群体在接受新闻时，有自己习惯的获取渠道，有不同的使用习惯。有的人可能习惯于通过手机新闻客户端浏览新闻，有的人可能习惯于开车时通过广播获取新闻，有的人可能习惯于阅读报纸。早晨刚起床、中午吃过饭、晚上临睡前等不同的时间，受众所选择的或者能够接触的信息获得渠道是不一样的。场景化时代对用户数据的获取，可以描绘用户使用媒介习惯、特征、时间的精准画像，基于用户画像，利用移动传感器、定位工具等技术智能识别用户所处的场景，处于何种时间、何种自然环境、何种地理位置，再提供最符合用户当前状态的最佳媒介使用渠道，比如你喜欢在咖啡厅通过浏览器上网，喜欢在临睡前通过新闻App看视频，这些习惯都能被收集加以利用，从而达到更好的用户体验。

（三）场景在新闻采编上的变革

在新闻的采集阶段，媒体就应该提升用户的参与感、现场感，让用户有对新闻过程全程参与的感觉。对此，尼基·阿瑟认为，"人们的数字体验需求在不断增加，一是速度要快，二是改进设计，才能提升交互式的情境。"

1. 提高采编效率

对于新闻来说，时间的重要性不言而喻。在新闻发生之后，用户越早地接收新闻，评论新闻就会更有现场感、情景感，交互性也就越强。传统的新闻采编方式效率十分低下，步骤繁多，时效性差，用户看到新闻以后很难产生现场感，更难有身临其境的感觉。"中央厨房"是人民日报的全媒体采编中心，其采用的全新采编方式让新闻传播更为高效，记者可以精确地计算自己与新闻事发现场的距离，节约不必要的路程和时间，以最快的时间到达现场后，可以利用自己手中的移动设备立刻进行现场直播，用户能够第一时间知道现场情况，也可以通过云端传播给新闻编辑，使其能够根据不同平台、不同用户的特点迅速产出，缩短用户与新闻之间的时距。

2. 改进采集方式

英国维珍航空公司利用智能手表和眼镜，采集头等舱乘客包括他们的生活方式、饮食习惯、出行目的等个性化的数据，根据数据分析每位乘客的所需场景以及场景服务。可穿戴设备在收集用户数据从而预测用户在未来场景下的任务需求上具有重要作用，在新闻叙事方式上，可穿戴设备也能让新闻从一个全新的角度去报道。谷歌眼镜的视频新闻短片，让谷歌眼镜不再是一个单纯的眼镜，变为记者的摄像头。通过眼镜以第一人称的视角对全国退役老兵的生活进行记录，Every day is Veteran Day：Hero Hours》（每一天都是老兵日：英雄时刻），对于受众群体来说这种全新的新闻叙事技巧，让"现场感"体验更为深刻。

3. 基于大数据的主动分析

《2017 微信用户 & 生态研究报告》中指出，2016 年微信月活跃用户数量高达 8.89 亿个。社交媒体所产生的巨大流量成为众多媒体获取数据的方向。为了充分挖掘用户的社交网站数据，也为用户带来便利，今日头条的登陆方式可以选择 QQ 或者微信等社交账号，场景的五要素之一社交媒体是勾勒出用户精确画像的重要数据来源。通过网络爬虫技术今日头条对用户的网络行为进行分析，抓取其在社交网络上的点赞、收藏、评论、转发等行为，将其收集在一起与用户关联建成专属的个体数据库。在对数据库自动分析中可以得知每个用户的兴趣喜好生活习惯等。对于其他一些数据，比如是否标记感兴趣、浏览信息的时间、跳出时间、兴趣板块、新闻领域、每天的使用时间等都记录在用户的使用数据库中，如果推送的文章用户没有点击打开阅读，或者阅读时间过短都会被记录，众多信息经过一段时间的积累会对用户的洞察更加深刻。用户的场景需求被数据准确地计算出来，依据这种大数据分析，推送出专属自己的私人订制新闻，这种定制化的新闻正如其宣传的那样——"你关心的，才是头条"。

四、场景时代新闻业变革的对策

（一）合理利用和保护数据

场景化时代下如果想要场景与新闻深度融合，必须深入了解用户的所想所求，了解用户所处的状态，所需要的服务，以及可能需要的产品，想要这种场景推送更为精确需要获得更多的用户数据进行分析，从而有更优质的用户体验。但是从另一方面来说，用户的数据可能在没有被授权的情况下泄露出去，引发用户对于自身所处环境是否安全的焦虑。所以对于数据的利用要在合理保护用户隐私的基础之上，有关数据收集机构应该建立完备的数据保护条例，在给用户最佳场景体验的同时也能保护用户的数据安全，寻求一个良性的平衡。

（二）避免对场景的过度依赖

基于场景的服务固然会让用户的体验更佳，获得越来越长的停留时间，但是从另一方面来说，用户对于这种"最懂你的"场景化服务的过度依赖会使其沉迷于虚幻的满足中，在虚拟世界不能自拔从而忽略了现实世界的交流。要知道我们在网络上获得的服务最终都是为了在现实中更好的生活，适度使用科技带来的便利能够更多地享受现实的自然社会，才是最重要的。

（三）准确连接每个场景与行为

不同性质的场景之间具有排他性，每个场景都要有符合本场景情形的相关行为。如果随意地滥用"场景"的概念，忽略场景之间的排他性，可能会让用户产生错乱的体验。一旦用户进入每个场景，就会产生对应的行为，媒体需要准确预测这些行为，并且与相应场景相对应，当用户已经完成某一场景的任务时，可以适当地在确定用户可能感兴趣的基础上引导用户深入地探索新闻，用户的忠诚度也会有效提高。

第三节　三网融合背景下数字出版业发展的调查研究

三网融合的发展为上海数字出版产业的发展提供了机遇与挑战。数字出版产业具有高科技含量、高附加值、高拉动力、高影响力等特点，体现了现代产业发展的新趋势，我国也非常重视，如国务院 2013 年印发的《关于促进信息消费扩大内需的若干意见》中指出，大力发展数字出版、互动新媒体、移动多媒体等新兴文化产业，促进动漫游戏、数字音乐、网络艺术品等数字文化内容的消费。数字出版产业涵盖范围非常广，主要包括电子图书、互联网期刊、数字报纸、在线音乐、网络游戏、手机出版、互联网广告等 7 大门类。

同时三网融合的发展也为上海数字出版产业的发展提供了机遇。三网融合有巨大的经济潜力，理论上，三网融合对经济社会发展的贡献不仅局限于其行业本身，它对其他产业带动和促进的影响更是其重要的内容。关于它对其他产业的影响，最直接体现就是对电信、广电和传媒的影响。三网融合与数字出版之间的关系，从经济学角度看就是互补关系，如果做一个形象的比喻就是计算机与软件的关系，成本更低、数据更大、体验更好的数字出版业需要电话、电视和宽带等网络的服务。三网融合中的三网——电话网、电视网和宽带网，在传统业务中定位分明，互不交叉。这样一个弊端是垄断严重，竞争不足，服务成本高，但质量一般，这无疑会提高数字出版的价格和消费门槛。随着技术的进步以及我国市场经济的完善，原有的政策壁垒、技术壁垒以及市场壁垒逐渐被打破，这样就给数字出版业的发展带来了良机。上海是国务院办公厅 2010 年公布的第一批三网融合试点地区（城市）经过多年的发展，尽管困难重重，但上海三网融合的发展也取得了很大的进步。如前些年上海 IPTV 的发展；上海市促进轨道交通、公交、社区巴士三网融合，基本形成了科学合理的公交骨干线、区域线和驳运线线网布局；上海也在物联网领域，通过三网融合打造智慧交通实验田；在影视传媒领域，现在很多网络综艺、网剧都纷纷被谈及将尝试与 VR 技术融合，三网融合的发展，也为观众有更好的体验提供了可能。

在三网融合与数字出版产业发展的研究领域，当前也取得一些进展，主要在两个方面。一个方面是三网融合对数字出版的影响；另一个方面是在三网融合背景下，发展数字出版的对策。对于第一个研究，当前大部分观点认为三网融合对数字出版产业来说有很多好处。如唐晓丹、肖叶飞指出三网融合将为内容提供商创造出大量的全媒体信息传输平台，出现数字出版的新工业态；党东耀指出三网融合架起了出版业与广电业的桥梁：瓦。还有一种观点认为三网融合对数字内容产业既有好处，也有冲击，如周园、黄寿恩提出三网融合给科技期刊带来了冲击和机遇。在第二个方面的研究中，主要观点是完善数字内容的产业链；延伸三网融合的价值链等。从以上研究现状可知，以往研究已经有较好的理论基础和政策研究，但是尚未形成一个系统的观点；而且当前上海三网融合的发展还不完善，数字出版业也在快速成长过程中，了解当前上海三网融合对数字出版业的影响对于制定更为合理的政策是有很大帮助的。在这个背景下，本文提出以我国三网融合和数字出版业发展都是最好的地区——上海市为例，分析三网融合背景下数字出版业的发展，对国内相关研究者以及政策制定者都具有较强的借鉴价值。

一、三网融合对数字出版产业影响的机制

在产业经济学中，由外部技术创新或变革驱动的产业演化可以分为三个阶段，如果具体到三网融合对数字出版产业的影响，可以如下表述。

第一个阶段，三网融合对微观数字出版企业技术和内容的双重影响，这种微观影响存在于企业内部，本质上就是对企业内部价值链条的影响，如果数字出版企业能够制定合理的战略和策略，对内部价值链进行再造，那么这类数字出版企业将获得更大发展，反之，则会在市场的竞争中败下阵来。例如在数字出版的存储领域原来内容大多是物理存储，现在三网融合发展后，很多"云"网盘等形成了虚拟存储。又如现在非常火的VR视频技术，在三网融合发展后，也提升了消费者对出版内容（如游戏）的体验，带给人更多的真实感。

第二个阶段，三网融合在对微观数字出版企业内容和技术影响的同时，会引起一连串的"涟漪"效应，即影响到整个数字出版产业的产业链条，在这种情况下，一方面会对传统出版企业或者业务进一步挤压；另一方面，新的技术、新的内容交汇会衍生新的事物，其表现就是原来的数字出版产业链的两端得到延伸出现很多新行业。例如三网融合将拓宽数字出版产业的传播渠道。三网融合前，消费者消费数字出版产品只有一种渠道随着三网融合的发展，这种渠道变得多样化了消费者的选择更多，在竞争的压力下，这种成本也会降低，那么消费者就会愿意消费更多的数字出版产品。拿上海和美国做比较。美国的三网融合相对很深入，美国儿童人均数字出版产品，如游戏等的消费为人均300美元，我国上海儿童人均消费约为30美元，

两者相差 10 倍。其中一个重要原因是美国的三网融合程度更深，形成数字出版产品更有竞争力，即成本更低，那么父母也就愿意给儿童购买更多的产品。

第三个阶段，在三网融合对数字出版企业内部价值链的影响下，需要企业对内部价值链进行再造，而这种再造必须对相应的企业管理模式和制度进行调整，以适应内部价值链的再造；那么在三网融合对外部数字出版产业的产业链影响下，需要市场对整个产业链进行再造，而这种中观或宏观的再造就会体现在政府的监管制度，市场竞争的机制等。除此之外，市场的竞争机制与政府的监管制度又会相互影响，政府与市场的博弈又会传递给具体的数字出版企业。例如我国的出版业经过几十年的发展，积累了大量的发展经验，其管理制度和模式也已经形成比较固定的纵向一体化。但随着三网融合的发展，互联网、移动、有线三个领域的业务不断交叉融合，各种数字出版产业迅速兴起，而且得到巨大的发展。从 2012 年开始数字出版就超过了纸质出版，政府相关部门面对如此巨大的产业变化，再加上原来较为成熟的管理制度具有惯性，因此政府的制度政策调整已经落后于当前数字出版产业发展速度。又如三网融合后，数字出版产品在生产、交易、传输、技术支持、服务支持等多个环节需要重新整合。因此，针对数字出版产业的相关政策及监管需要多部门的配合与协调，如文化部、新闻出版署、广电总局、体育总局等协调。合并后的国家新闻出版广电总局（国务院主管新闻出版、广播影视和著作权管理的直属机构）就是在一定条件下适应了这种需求，做出了调整。然而三网融合与数字出版业的关系还涉及到很多其他部门，这种协调性还需要政府继续做出更深入的改革。

二、三网融合背景下数字出版业发展的统计调查

为了具体研究三网融合对上海数字出版产业发展的影响，本文在问卷调研基础上进行统计分析。

（一）问卷调查的基本信息

本文在前文理论分析基础上，从三个方面设计调查问卷——"三网融合对数字出版企业内容和技术等的影响""三网融合对数字出版产业产业链的影响""三网融合对数字出版企业管理和政府政策的影响"，并发放到上海各类数字出版企业中。在回收的问卷中，网络游戏企业占 23%，数字动漫企业占 23%，移动内容占 23%，网络服务占 15.6%，数字影音占 7.7%，数字出版占 7.7%。

在调研问卷的基本信息中，性别方面，男士占 67%，女士占 33%；年龄方面，

25 岁以下占 44%，25 岁到 40 岁占 56%；职位方面，高管占 22%，中层占 56%，技术人员和基层员工占 22%；学历方面，硕士占 67%，本科占 33%；企业性质方面，国企占 21%，民企占 67%，外企和三资企业占 22%。

（二）数据统计分析

1. 三网融合对上海数字出版企业价值链的影响

在对"三网融合对数字出版企业价值链的影响"问题的调查中，有 78% 的企业认为三网融合对他们企业产生了影响，其中 45% 的企业认为三网融合对他们企业产生了较为显著的影响，33% 的企业认为三网融合对他们产生的影响不显著。只有 22% 的企业认为三网融合没有对他们企业产生影响。可见，现阶段三网融合的发展确实影响到了上海数字出版企业内容和技术的发展。

在这些受三网融合影响的企业中，有 31% 的企业认为三网融合影响了他们的内容创造，35% 的企业认为三网融合影响了他们的内容数字化，43% 的企业认为三网融合影响了他们的内容传播。22% 的企业认为三网融合影响了他们的终端渠道（这里几个百分比之和不是 100%，原因是三网融合可以同时影响一个企业价值链的几个环节）。可见，现阶段三网融合对上海数字出版企业的影响已经涵盖从内容创造到终端渠道销售的价值链的所有环节。

现阶段在对数字出版产业价值链不同环节的影响中，内容传播受影响最大，其次是内容数字化和内容创造，最后是终端渠道。根据价值创造的理论，未来三网融合的发展中内容创造和终端渠道将是影响最大的环节。在笔者专门针对 5 个高管的访谈中，有 3 个高管认为未来随着三网融合的发展和成熟，三网融合对终端渠道的影响最大，而有 2 个高管认为未来受影响最大的应该是内容创造。鉴于他们的观点，内容创造和终端渠道将是上海数字出版产业未来争夺的重要领域。

2. 三网融合对上海数字出版产业链的影响

在对"三网融合对数字出版产业链的影响"问题的调查中，有 68% 的企业认为三网融合影响了他们传统的产品，有 19% 的企业认为新业务的产生是由于三网融合的影响。这个调查结果也与三网融合的发展阶段有关。三网融合对数字出版产业的影响，肯定是先影响传统产业，需要传统产业进行改造，然后衍生出更多的新兴行业。未来随着对传统内容产业及数字出版产业改造的完成，对衍生产业的影响将是重点。

3. 三网融合对上海数字出版企业管理制度和政府政策的影响

在对"三网融合对管理制度和政府政策的影响"问题的调查中，有 14% 的企业认为三网融合影响了他们企业的管理模式，64% 的企业认为三网融合没有对他们的管理模式产生影响，另外 20% 的企业则选择了"不清楚"的选项。可见，三网融合虽然可以影响企业的管理和盈利模式，但是并不是一种常态。但在调查三网融合对政府管理制度和政策的问卷中，有 83% 的企业认为三网融合下政府相关管理部门的管理制度和监管制度应该进行改变，17% 的企业选择了"不清楚"。可见，三网融合冲击下，影响更大的还是政府的管理和监管制度。总之，不论上海数字出版企业的内部管理还是政府的管理都不同程度地受到三网融合的影响，而且相对来说都是滞后于产业和企业的需求，相对来说，政府的变革要慢于企业的变革。

三、促进上海数字出版业发展的建议

在三网融合发展背景下，为了促进上海数字出版产业的快速发展，本文提出以下几条建议。

（1）创新数字出版企业管理模式，推动内部价值链再造。数字出版企业是数字出版市场的主体，所以，在应对三网融合影响下，最关键的点是数字出版企业能够发挥主体核心作用。上海有很多在国内具有一定优势的数字出版企业，如"盛大"，这些数字出版企业不仅引领着上海数字出版行业的发展，而且对全国数字出版行业有重要的导向作用。因此，上海数字内容企业一方面可以借鉴国外发达国家数字出版企业的管理模式，同时根据自身情况，进行管理创新。在创新企业管理模式时，要根据价值链再造的原则，重点对新的、能够产生价值增量的环节进行发展，对于没有价值的环节甚至可以丢向市场。当前对于数字出版企业来说重点要关注两个环节，一是内容创造环节，二是终端与消费者紧密关联的环节。

（2）完善数字出版行业市场机制，带动外部产业链的再造。健全的或者较为规范的市场机制是数字出版产业能够保持健康向上发展的基础。市场机制最核心的一条是竞争，要能够保证数字出版企业在自由竞争基础上，让数字出版产业根据三网融合带给各自不同产业环节的不同影响，来正确地做出相应决策，如推出市场，开辟新市场等。那么市场这张无形的手，会对数字出版产业相关的资源进行合理配置，从而实现带动外部产业链的再造。

（3）改革政府相关管理体制，制定科学合理的政策体系。我国的三网融合和数字出版产业相对国外发达国家还有一定差距，同时我国的市场机制还不是很健全，如果完全依靠市场与国外发达的数字出版企业进行自由竞争，那么我国的数字出版企业在竞争中将会处于劣势。因此，就需要发挥政府相关管理部门的作用。对于上海的相关政府部门来说，它不可能要求国家为了三网融合和数字出版产业发展就很快地进行相应的部门调整和政策调整，毕竟国家相关政府部门涉及的行业更广。因此，上海相关政府部门在自己的职权范围内能够做好的是第一，制定促进数字出版产业发展的扶持和培育政策，如建立产业园区，促进产业集群，对集群内企业进行相关税费补贴等；第二，营造良好的市场竞争环境，对于违反市场竞争的盗版、侵权等现象严厉打击；第三，尽可能地向国家申请进行更深三网融合的政策支持，同时，在国家政策范围内尽可能地探索三网融合新模式、新机制。

第四节　AR 技术在图书出版中的应用思考

一、概念介绍

增强现实（Augmented Reality，AR），20 世纪 90 年代首次被提出，这是一种实时计算摄像机影像的位置及角度并加上相应图像的技术，这种技术的目标是在屏幕上把虚拟世界嵌入现实场景中并进行互动。增强现实技术包含了多媒体交互、3D 模型搭建、影像实时显示及调控、多种传感器聚合、目标对象实时追踪及注册、场景融合等新技术与新手段。其具有三个突出的特点：①是真实世界和虚拟的信息集成；②具有实时交互性；③是在三维尺度空间中增添定位虚拟物体。

目前对于增强现实有两种通用的定义，一是北卡大学罗纳德·阿祖玛于 1997 年提出的，他认为增强现实包括三个方面的内容：将虚拟物与现实结合、即时互动、三维。另一种是保罗·米尔格拉姆和岸野文郎于 1994 年提出的现实 - 虚拟连续统。后者将真实世界和虚拟世界分别作为设备连接的两个端点，它们的中间地带称为"混合现实"，其中靠近真实环境的是增强现实，靠近虚拟环境的是虚拟现实。1994 年，多伦多大学学者米尔格朗在研究现实和虚拟的关系时，建立了"现实—虚拟的连续介质理论模型"。

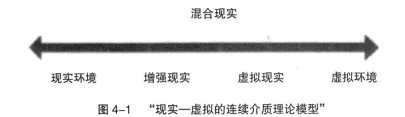

图4-1 "现实—虚拟的连续介质理论模型"

二、AR技术在图书出版中的应用现状

2015年，3个月时间卖出150万套现金收入超过1亿，小能尼奥的第一款AR图书"口袋动物园"成为爆品。什么是AR图书？AR图书，就是将AR技术应用在书籍制作上，让静态的图文在手机屏幕中呈现动态可交互的形态。在接入数据网络环境下使用手机、平板的摄像头扫描识别图书页面中预先设定的目标图片，然后屏幕中显示出与目标图片相对应的3D立体模型，用户可以通过点击屏幕上的UI指令与3D模型进行互动，将二维的平面延伸为三维加上听觉感知。目前市面上的AR图书除了小熊尼奥生产的系列丛书，还有中信出版集团的《科学跑出来系列》、背景联合出版社的《艾布克的立体笔记》、湖北教育出版社的《恐龙世界》、江西美术出版社的《天文小百科》、接力出版社的《香蕉火箭科学图画书》、山东教育出版社的《恐龙大世界》、北京时代华文书局与摩艾客联合开发的AR英语图书《魔客涂画乐》、华东师范大学出版社的AR版《美慧树》、人民邮电出版社的《汽车文化（AR增强现实版）》等。此外，2017年8月，人民文学出版社出版的"朗读者"系列图书，用户下载"朗读者AR"App，在阅读的时候任意扫描书中的一张图片，就会在手机上看到对应的视频节目片段，实现阅读静态图文与朗读音视频的完美融合，打造书本之外的第二阅读体验。

三、AR技术在图书出版中的展示优势和应用难题

（一）展示优势

将二维平面三维立体化，AR出版将图书二维的文字图片变成三维空间的展示，以生动活泼的立体形象代替二维的呆板现象。因此，AR出版非常适合展示类、交互类和教育类的图书出版，将书中抽象概念具体化，更便于读者对书本内容的理解。

多种媒体结合刺激感官。识别结果可以是视频、模型、声音、图片、网页等，

多种技术作用效果下给予读者视觉、听觉、触觉等多感官的刺激，使书中的内容阅读起来更精彩。尤其是对于孩子来说，AR 出版的图书可以将书上的图案立体呈现在读者眼前，可以激发儿童阅读的兴趣。而出版专业性比较强的书时采用 AR，可以在学习时多一些乐趣，加深记忆。

新鲜的交互体验。传统的阅读是单一方向的知识吸收，读者与书本难以产生交流，而 AR 图书的阅读体验中，读者可以和书中的世界进行交互，可以拍照、装扮角色、录制小视频转发朋友圈等。

增加出版图书的延伸价值。AR 技术可以通过扫描印刷在纸质出版物上的图片，启动图像、音频、视频、三维动画、三维模型等数字资源素材，增加静态固定文本和富媒体的附加价值，将纸质出版物所承载的信息量极大扩展，实现信息传递更加丰富多元。

获取用户阅读偏好数据。出版社可以在 App 后台对读者交互行为进行抓取和记录分析，从而获得用户在体验过程中的行为偏好数据，例如读者最喜欢哪个部分的内容、最喜欢哪种展示形式、最喜欢哪种交互行为，以此数据分析结果指导后续图书出版决策和设计方案。

（二）应用难题

1. 网络环境问题

AR 图书中的扫描显示出的视频、模型、图片、声音、网页等需要在接入网络环境下加载，阅读交互是否流畅完全取决于读者所处的网络环境如何，因此读者要选择有良好网络的场合使用。在阅读过程中，如果网速很慢也会产生画面延迟、停滞、卡顿、App 闪退等问题，给读者制作不良的阅读体验，很难再让其有下一次的尝试。

2. 发布渠道问题

AR 图书移动端的 App 下载有两种方式，一种是通过扫描识别配套图书或产品使用说明书中的 SDK 的二维码下载安装，另一种是到开发者指定的应用商店下载。在整套图书阅读产生腻烦心理或者是感到没有使用价值之后，读者一般为了节省手机存储空间而卸载 App，在 AR 出版的市场没有一个整合的发布渠道，也无法通过奖励机制等手段留住用户，整个行业的出版布局还属于百家争鸣的分散状态。

3. 内容重复性

为了让用户获得值得下载的体验，开发者应该细致考虑用户体验的细节，即便是好莱坞大片重复地观看也会令人心生厌烦。这里需要注意的一个问题是用户在每个时间节点和操作状态之后会做出怎样的行动和反馈，根据用户行为数据优化产品设计。

4.3D 模型开发成本高

VR 产品开发高昂的预算经常使许多开发者望而却步，对于开发一款 AR 应用来说，多数资金需要投入 3D 模型搭建。虽然能够在网络共享平台获取一些可商用资源，但要转换成实际项目中使用的元素，还有很多复杂的工作要做。而且，3D 元素的需求也需要根据图书内容进行具体设计，制作出匹配的模型，网上下载的资源也未必能够完全适用。参考游戏模型制作和动画模型制作行业用人成本，VR 图书的模型制作成本确实令人唏嘘。一本完整的 AR 图书，要搭建 3D 模型，要开发配套的 AR 应用，并且同时发布安卓版本和 iOS 版本，具体投入的费用要看建多少 3D 模型以及 App 需要哪些功能，一个项目的制作经费主要投入在这两个方面，多数出版商往往很难承担这笔高昂的费用。

5. 用户使用时间不宜过长

AR 应用的使用需要用户长期手持手机或平板设备进行交互行为，极易产生心理和生理上的疲劳。多年的原型设计和用户测试已经告诉我们，不同的用户对疲劳有不同的阈值。就目前而言，数字资源的调用需要摄像头持续工作，这会很快耗尽电池电量，同时设备变烫，这对用户来说无法过久使用，导致降低使用频率。

6.AR 图书生产出版问题

一本纸质图书出版的流程一般是选题、选题报批、组稿编辑、三审书稿、申报书号、确定印数和定价、三次校对、设计排版、送至工厂印刷、发行和销售。AR 图书整个流程和传统图书是一致的，但是除了纸质图书的制作流程，还需要同时开发与图片配套的 App，对图书中的 AR 内容进行 3D 建模、特效动画制作、音乐音效制作，然后封包到 App 中。其中繁杂的流程需要出版社和技术开发公司的产品设计和出版方面协力配合。

7. 团队建设问题

传统出版机构没有 AR 程序开发人员，要做 AR 出版，一个办法是自建团队自主开发。另一个是和外部 AR 技术公司合作开发。如何选择主要是根据 AR 项目设计和成本、时间。如果出版社只是对个别图书进行配套 AR 产品开发，为了节约成本，最好是寻找技术公司合作，将 AR 制作外包给技术公司，因为他们有丰富的制作经验，可以在最短的时间内高效完成制作作品。而如果出版社决定长期以数字出版、AR 出版业务为主，那么自己组建 AR 开发团队是最好的选择，这样既可以保证开发项目的质量和自主性，又可以做到高度的个性化和自定义。总的来说，自建团队和合作外包各有优劣，要根据出版社的具体情况来决定。

四、AR 在图书出版中的盈利模式

第一种盈利模式为最基本的产品销售带来的利润，传统的纸质图书中加入了 AR 技术，因此在产品定价上也应该随延伸功能而做适当溢价。

第二种是在 App 中加入广告，有流量的地方就有获得广告收入的机会，另外在屏幕中显示的视频、模型、图片等视觉产品中可以仿效网络视频客户端的广告形式加入贴片广告或者是场景广告植入。当然这一前提是产品有较大力度的购买率，App 使用用户基数足够多。这样才能保证基本的广告曝光度，不然很难有广告主愿意买单。

第三种是根据自有爆款 IP 进行二次开发，围绕 IP 主题制作发行周边产品进行销售，也可以在图书出版售卖的时候打包套餐出售产生利润。这种情况多数仅适用于展示类和儿童读物，像是教育类书籍不太具有鲜明的 IP 特征。

第五章　新媒体视域下自媒体与相关文化产业创新发展

第一节　后微博时代去政治化的女性经济研究

一、微博未死

（一）后微博时代：论断与业绩不匹配

自 2012 年以来，关于"微信替代微博""微博已死，转战微信"和"微信开启后微博时代"等论断层出不穷。

微信上线第一年，新浪微博用户尚有 3.09 亿个，第二年骤减到 2.81 亿个，截至 2015 年年底减少到 2.22 亿个，到 2017 年初逐渐回升为 2.97 亿个，而微信用户规模却逐年增长。在国内其他典型社交应用的使用率远远不及以上两种应用时，可以判断微信的崛起的确在一定程度上争夺了微博流量，削减了微博用户活跃度。

但是，微博的业绩状况却表明，"微博已死"的观点难以成立。以微博 2016 年第一季度为例，总营收 7.77 亿元，同比增长 26%；盈利 1.05 亿元，同比增长 52.9%，实现了连续 6 个季度盈利。新浪微博的财务状况和用户增幅表明，尽管来自微信的竞争十分强烈，微博在网络社群中仍占有不可替代的地位。

（二）不可替性：去中心的社交、媒体双重属性

"微博已死"论断的立足点多数是基于微信的私密性、可控性和长文章深度以及社会化网络营销功能的优越性方面，相比之下，微博被诟病为"大垃圾场"，海量信息在这里发生、碰撞，容易被淹没而达不到预期的宣传效果。但正是由于这种开放性、及时性和无保留的大众参与空间，微博信息真伪的辨别速度也远高于微信，才能在重大新闻的公共传播中，实现信息获取、发散传播、去伪存真等必要的"新闻流程"。

微博全局可观，联系舆情，曾经是国内网民最重要的公共话语领域，而对于处在封闭环境中的微信，由于公众号运营者对信源的绝对掌控、对受大众评论的主观筛选，使之更具备传统媒体的信息发布特征。在微信公众平台及其他具有深层次阅读特点应用的围剿下，微博的快销、浅层短板暴露无遗，而网监部门对网络言论的管控也使得微博网民的发言趋向于拘谨，于是微博正在从早期关注的时政话题、社会信息等，更多地向基于兴趣的垂直细分领域转型。

在微博上，用户可以根据兴趣所在，及时地和各类陌生"同好"们分享、传递信息，这种广传播与松关系的结合，是将社交和媒体两种属性严格割裂开的微信做不到的。微信用户除了对公众号运营者挑选出的评论进行点赞外，不能在浏览公众号的同时与他人进行互动。微信这种过于中心化的点对点传播方式，使得它无法满足用户以网络社群为单位、点对面方式来抓取兴趣信息的需求。在我国，男性话语长期占据支配地位，这是历史因素和文化因素共同作用的结果，于是在女性角色的培养过程中，女性人格在自我定义的时候，要更多地依赖她与他人的关系和联系，例如格外注重家庭关系、亲子关系等。在我国罕有女权运动的事实背景下，这种原本依附于男权的关系在微博语境下得到了全新的解释，例如女性可以为自己喜爱的女明星组成后援团体，有组织地为她们进行声援、打榜等群体性宣传活动，从而满足自我的社会关系需求。在这个过程中，女性话语依然是去中心化的，尽管还是在群体中发挥个体价值，但是这种关系却从男权的附属关系中解放了出来，仅仅是凭借自己的个性与特色在发挥作用。可以说，微博在重重危机下的兴趣化转型，与微博女性话语地位的提升是相辅相成的。

二、产业状况：女性话语阵地

（一）女性支撑的后微博经济

微博用户人数及用户活跃度是微博经济的命脉，这两样基础决定了微博的广告收入和自身业务收入。在用户基数相对稳定的情况下，微博话题热度——即微博话题的用户参与度，直接反映了用户活跃度。要研究女性话语在后微博时代是如何发挥经济作用的首先要分析女性用户在热门话题中的参与情况。

在对社会新闻的关注人群方面，女性人数超过男性的两倍，并且主要是相对发达地区的高知青年女性。她们参与话题的讨论热度也远高于男性。"女人就是爱聊八卦"这一刻板印象经过微博的解释，转变为微博女性话语在更多时间里关注着文娱话题，但当社会问题出现时，她们也积极思考并比男性更主动地发表自己的观点。

微博女性话语发挥舆论影响力的机制，主要通过形成兴趣共同体来实现。最为典型的就是微博粉丝团，是女性为主的、共同喜好某一人或某一事物的微博用户组织起来的集体。她们在自己的圈子里发生着持续的交往与互动，并向圈外的其他用户宣传自己喜爱的人事物以期更多"同好"加入，同时也被新的圈子吸引着。相对团结的兴趣团体缓解了现实中女性第二性地位的窘境，在兴趣团体里，有一群类似的人支持着成员的发言，并愿意在成员受到攻击时为她们唇枪舌剑，这极大提高了成员的安全感，女性话语在这个过程中也实现了影响和控制他人作用——一种传统的男权作用，间接颠覆男权。

同时，微博粉丝团所发出的女性强音反映了女性作为人的最真实的个性，这有效帮助她们克服了传统文化中的一些局限性。例如男权意识凌驾给女性的"守节"要求和羞耻感，无论是有伴侣还是没有伴侣的女性，她们对男明星甚至女明星的微博进行转发、留言，以夫妻或情侣等亲密称谓直呼明星，这些行为如今已经不会被上升到精神出轨的层面，更不会因此被指责为违反女性道德的"失节"。在开放的舆论场里，粉丝团体中形成的独特话语得以迅速地在人与人、圈与圈之间被传递、模仿，在网络话语阵地潜移默化地缓解了男权对女性的束缚。

三、去政治化

微博在转型为女性话语阵地的同时，也伴随产生了去政治化的特点。尽管微博男女用户的基数是大致相同的，但是女性用户的微博活跃度总体上远远高于男性。而她们在微博表现出的更强消费力，也使得大量具有粉丝号召力的名人和自媒体愿意生产更吸引女性的内容，也就是更多地提供涉及文娱行业的内容。另一方面，随着刑法和其他关于互联网安全方面法律的完善，整个微博语境都变得谨慎起来。最为典型的表现就是曾经的网红"公知"们的集体失语，很多账号被封禁，部分涉及政治人物的关键词被屏蔽，微博搜索结果只剩"根据相关法律法规和政策，'×××'搜索结果未予显示"。鉴于多数微博公知们发表的批判言论往往是缺乏学术性且误导性较强的，随着网民认知能力的提高，他们注定要被淘汰出网红的队列。

但是，微博语境的去政治化只是表现在它从形式上对娱乐大潮的迎合，网民对社会现象的反思和批判却并没有因此停止。例如近年最成功的女网红 papi 酱，她在短视频中用夸张的表演方式吐槽人们在生活中遇到的令人不愉快的人和事，内容涵盖了工作、学习、网络、影视和社会等各个方面，其中"网络键盘侠"和"国人对中国人和外国人的态度不一样"等篇章就以幽默的戏仿方式，批判了国人在生活中所表现出的不理智现象，类似的网络红人还有暴走漫画的王尼玛，平台下的短视频节目《暴走大事件》非常关注时政，堪称段子界的《新闻联播》，例如以"心疼一波文科生，帮他们总结一下美国大选的时事考点，划重点啦！"的主题对美国大选进行幽默而深刻的分析，这类主题，就受到了微博用户的热捧。相对于新生网红 papi 酱，王尼玛自 2008 年出道以来，至今保持着良好热度，也与该团队顺应环境、注重结合时事有关。当下关于 papi 酱视频呈现出内容重复苗头的批评声已经出现，毕竟现实生活中值得吐槽的奇葩现象是有限的，自媒体只有对不断变化的社会关注，才具有长久生命力，尽管目前《暴走大事件》的部分章节因内容尺度把握问题导致了下架整改，依然有广大网友在网络上热情地对节目组表示声援。可以看到，激进和误导的公知型自媒体渐渐消失，而那些将幽默和讽刺点到为止、善于委婉消解政治与大众隔阂的内涵派网红们，正以狂欢的姿态传递着独立思想、批评精神、人文关怀与道义担当。

四、现阶段影响：利大于弊

本书认为，微博行业正向去政治化的女性经济转变，这个现象在现阶段对于整个微博利大于弊。这个现象中存在一些问题，例如去政治化的网络氛围会加剧网民以解构的眼光看待重大社会事件，对于真实存在的严重问题持趋避态度而不采取刻板印象中具有男性特点的正面对抗；过度沉迷于自我兴趣圈而不关心圈外其他事物，则有可能被圈内其他成员"带节奏"，不利于形成独立人格，易成为圈内被传谣的对象。

对比国外类似于微博的应用，例如 Facebook 和 Twitter 等，以美国大选为例，有观点认为正是由于 Facebook 编辑放弃了对大选期间各类煽动性网络谣言的干预，最终不仅导致媒体对民意预测失灵，还抹黑了双方参选人的形象。考虑到现阶段国内网民认知程度较不均衡的现状，确实有必要加强对微博言论的管控来遏制谣言的产生与传播。而女性话语在微博地位的提升，使得消息在环环相扣的兴趣团体中突破了个体限制，达到了更为高效的群体传播效果。尽管不同的兴趣圈之间也时常因为兴趣主体的竞争和矛盾发生激烈的言语交战，但从一个圈子中传播出来的谣言，很可能被另一个圈子分析举证澄清，女性们在交叉层次的社交中也能得到更多认知上的经验，对社会关系进行思考，对价值观的形成进行探索。例如当作为兴趣主体的公众人物出现了违背道义的言行，不同兴趣团体就会集体发声。对团体成员抵制这些公众人物的言论进行转发评论，进而引发社会媒体的关注和批判，这是相对缺乏组织性的微博男性话语难以做到的。

第二节　我国知识付费平台发展模式

数字技术的发展改变了知识传播的方式和形式，传统依附于书面的知识重新以数字化的形式，极低的边际成本出现在各类终端平台，人们告别了笨重的知识承载媒介和传统的知识交易模式。人们通过在线付费手段直接获取知识，一方面可以通过付费获取各大平台在免费渠道较难获取的信息，另一方面除了内容的学习还可获得内容之外的配套服务。各大平台和媒体推出的知识付费服务如雨后春笋让用户应接不暇。数字时代的知识分享正在逐渐告别资源免费共享时代。

2015 年，微信公众号首次推出打赏制的付费模式，服务平台开放文章打赏功能，用户可以自发对喜爱的内容进行打赏现金奖励，以实现平台内容直接变现（2017 年打赏由平台直接转为给作者个人）。同年，继逻辑思维系列视频之后逻辑思维团队推出"得到"App，众多大咖级人物入驻"得到"开设自己的付费专栏，用户可付费不等课程价格订专栏内全套课程。2016 年被大众定义为知识付费元年，火热的网络问答社区知乎上线"知乎 live"功能，这是网络社区平台对知识付费的一次新的探索。此后微博也开启知名大 V 问答功能。2016 年 5 月 15 日，紧跟随其后果壳的付费语音问答平台一"分答"上线，很多名人大 V 和各个研究领域的专家学者也纷纷加入分答付费问答大军。音频付费平台喜马拉雅 FM、懒人听书、荔枝 FM 等脱颖而出，各大商家和创业者设计的付费内容紧锣密鼓抢占这片新生的市场，通过互联网技术的接入，实现人与知识的普遍连接。付费逐渐成为网络知识学习普遍的行为和习惯。接下来本文希望通过对知识付费行业发展模式进行分析，以为整个行业发展提供一些参考。

一、我国知识付费平台发展的主要模式

（一）以喜马拉雅为代表的音频付费平台

线上音频平台最直接的表现是对用户注意力的争夺已经从视觉转到听觉，优势在于不必与微信、QQ 等社交平台争夺用户时间，因为二者可在同一时间同时开启。对于付费用户来说，音频付费平台解决了用户以下几个痛点：①时间比较碎片化，没有可以计划单独分割出来的时间进行学习；②做家务等琐事的时候无须集中全部精力，可以同时通过音频的方式进行学习或者娱乐；③没有耐性对书本进行逐字阅读，却又希望能够直接学习重点知识；④很难找到高质量内容，希望有人给予推荐和指导；⑤学习的同时又担心长时读屏带来的视力伤害问题；⑥无法连续长时间学习。而对于平台来说，相比较于图文或视频形式的内容，音频内容的制作成本和难度大大降低，也更有利于内容提供方的版权保护。

喜马拉雅 FM 是国内最早进行转型的音频平台，在电台 App 排行榜上长期稳居前列。在"得到"推出音频＋文字的知识付费产品并获得用户的大量好评后，喜马拉雅联合马东"奇葩说"迅速推出《好好说话》节目，这是喜马拉雅正式进入知识付费队伍的标志。截至 2016 年底的数据显示，喜马拉雅近 50% 的营收来自付费栏目。平台邀请马东、吴晓波、龚琳娜、华少、乐嘉等 2 000 多位知识分子入驻，生产超过 10 000 节的海量付费课程内容，辐射商业、外语、音乐、亲子、情感、有声书等16 个门类。2017 年艾瑞指数数据显示，喜马拉雅 FM 日均独立设备 5 532 万台，排名 77，远远打破得到（257 万）、知乎（2 917 万）、豆瓣（620 万）等软件的数据记录。但同时数据也揭露一个问题，虽然平台的用户未必都能转化为知识付费深度用户，但是这仍是平台发展知识付费的历史优势之一。2017 年喜马拉雅"123 知识狂欢节"24 小时销售超过 5 000 万元，3 天的知识狂欢节内容消费总额达到 1.96 亿元，是 2016 年首届 123 知识狂欢节消费总额的近 4 倍。2017 年下半年月均 ARPU 值超过 90 万元，几乎接近腾讯休闲游戏 ARPU 值。《马东携奇葩天团亲授"好好说话"》成为畅销内容，获得了 55.2 万次订阅和 4 921 万次总播放量。音频类知识付费产品得天独厚的特性，让知识学习的方式变为便捷和自由，相比传统的文字和视频更符合碎片化移动互联场景下用户的学习诉求。

在做知识付费业务之前，流量广告、社群分享和音响等硬件设备是喜马拉雅平台收入的主要来源，"去年下半年，我们就发现整个内容付费的收入就已经超过了流量广告、社群、硬件这三块的总和。"喜马拉雅 FM 副总裁张永昶表示，"我们做了四年的时间，终于找到了真正的提现模式。"

（二）以得到为代表的付费泛教育应用平台

"得到"平台定位于在领域大咖效应号召力影响下，高速高效获取某一领域相对专业化的信息内容、改善用户现有认知。2015 年末"逻辑思维"团队推出了知识付费订阅的应用程序"得到"，短短 3 个月不到平台就已积累近 42 万用户量，付费率高达 20%。2017 年 3 月，罗振宇停止在公众号和各大网络视频平台的视频，在"得到"App 独家发行知识付费内容，罗振宇、李翔、李笑来等以其 KOL 影响力吸引了海量粉丝聚集，因此逐渐构建起"得到"平台内容付费体系。"得到"认识到深耕垂直领域的价值，所以设置的专栏数目并不多，但是内容均是请到来自行业的顶级人才，制作深度学习课程。除了逻辑思维本身的经济、商业、历史内容之外，还请到了严伯钧、滁来等人来开设艺术、科技等课程，这也是"得到"在知识付费领域自成一派的差异化竞争策略。

（三）以豆瓣时间为代表的文化精品阅读付费平台

豆瓣在 2017 年 3 月 7 日推出了"豆瓣时间"，也采用了付费专栏的模式，很多用户担心豆瓣时间推出的小众文艺知识是否能贴合用户学习口味，但是结果出乎意料，课程栏目一经推出，五天内销售业绩便超过百万元。豆瓣时间的内容更聚焦于文艺青年的精神文化食粮。而在目前内容付费的市场上，以实用技能、知识为主流，文化领域和古典文学产品尚属于小众。很多专家认为随着人们文化需求的提高，精神消费产品升级，这些文化产品也开始被内容平台看重。虽然豆瓣时间起步较晚，但是依靠豆瓣自身用户基量和用户基调，也很快在知识付费市场占有一席之地。

（四）以知乎、分答为代表的付费问答应用平台

这类平台留存的用户是具有明确使用目的，以经验分享为主的付费问答互动应用，是知识付费行业中早期常见的一种模式，优点是用户使用价格门槛较低，而且可以根据自己的需求进行提问，很多平台提供的服务基本可以实现一对一咨询。

但是很多平台的认知和解读水平存在差异，并且互动的时效性较弱，难以形成品牌规模。在分答成为现象级产品的同时，百度的"问咖"和新浪微博的"微博问答"等产品开始效仿这种模式，探索不同的垂直领域，比如主打私人创业顾问的"大咖说"和"在行"、主打企业经营顾问的"大牛家"等。

1. 知乎—Live

问答系统是问答平台的核心。知乎于 2011 年 1 月正式上线，作为知识分享平台，主要为用户提供问答、专栏、电子书等多种形式的信息服务，搭建其分享彼此的知识、经验和见解的桥梁。知乎以问答社区为核心基础，2016 年起开设知乎 Live，长期以来，它一直在知识共享社区工作，通过用户自我筛选形成了高质量的内容，用户黏性和识别度非常高。知乎的支付产品包括关于书店的生活、价值和知识的知识。众所周知，知乎 Live 是一个实时问答互动产品，大 V 可以创建一个现场，点击并支付门票价格后，用户可以进入通信组，由应答器提供语音共享和实时交互服务。其价值在于了解一对一协商方案的进程，它使用语音应答形式，所有用户都可以付费收听，提问者和被申请人之间的成本相等。知乎 Live 在前期依靠李开复、李笑来这样的大 IP 获得了众多用户的关注，在形成了一定的用户使用习惯及内容沉淀后，知乎开始扶持自身平台的腰部 KOL。随后的时间知乎积累了大量细分领域的内容生产者 Live 课程平均定价在 10.30 元范围内，这正是针对自身优势和平台用户所制定的差异化策略。

2. 果壳—分答

2016 年 5 月，早已经布局知识付费市场的果壳网上线了新型付费语音问答新产品"分答"，并邀请周国平、马东、王思聪、李银河、罗振宇、汪峰、章子怡等和其他各个领域的名人在分答平台上回答问题，以偷听回答的形式激发窃听者的窥探私欲和好奇心吸引更多用户。分答上线仅 42 天，授权用户超过 1 000 万，付费用户多达 100 万，33 万人开通了答主页面，产生了 50 万条语音问答，交易总金额超过 1 800 万，复购率达到 43%，每日付款笔数超过 19 万次。中间分答曾被监管停运一段时间，停摆期过后自从 2015 年 9 月恢复运营以来，先后受到了微博问答、知乎等产品的强烈冲击，所以很快便开始了差异化运营，内容主要围绕健康、职场、科普三大领域，此后又逐渐加入了法律、育儿、心理等门类，现在分答 App 与在行合并，更名为"在行一点"，栏目分为"课""班""讲""问"四大块，内容也加设了艺术史、房产、健身等。

（五）以"咪蒙"为例的自媒体平台知识付费

2017 年，咪蒙联合"年薪 200 万副总裁"王不烦、"月薪 5 万内容总监"黄小污推出职场课《咪蒙教你月薪 5 万》。虽然没踩准风口，但凭着"咪蒙"这一宇宙网红的爆点以及"3 年后你的薪水涨幅没有超过 50%，课程费用将双倍退款"的承诺，在课程上线 4 天后，销量已经超过 10 万份。历时将近一年，咪蒙团队的知识付费依然是不温不火，并且和其他公众号一样时刻在担心着用户流失。"当红利失去的时候，消费者变得更难收割，所以课会越来越难卖，你必须用更猛的噱头，下更狠的药刺激，才能打平以前的业绩。一般而言，"保证效果，无效退款"类似的口号会越来越多。所以"咪蒙教你月薪 5 万"的出现是时代发展的必然。公号 ScalersTalk 成长（2017）点评说。

（六）以开第为代表的垂直知识付费平台

这类平台是指专注于某个行业领域的垂直网站所推出的付费平台，如 36 氪、钛媒体、雪球、丁香医生等。这些平台各具特色，36 氪主要提供创业类资讯服务，而钛媒体则深耕于 TMT 行业，雪球网与丁香医生则分别提供财经、医疗健康类的咨询服务，这些平台对于垂直领域的专业性吸引了大量的用户。

二、我国知识付费平台发展的策略

（一）引入 AI 技术，基于社交分发实现内容智能分发

从内容深度上看，形成了多层次的群众性和专业性的模式。大众主流内容主要集中于得到、知乎、喜马拉雅等平价中，而类似于钛媒体、36 氪、雪球网，则主要提供不同领域内的专业信息。知识门槛较高，内容专业性强。平台内容定位明确，然而在用户打开界面却没有像今日头条内容智能分发的人性化设计去在第一时间内将内容展示在用户视线中。其次用户的兴趣点栏目获知来源除了自己在平台内自行搜索就是通过社交平台偶然遇见，然而通过社交平台分发是很低效有很大局限性的，因此各家平台应引入 AI 技术，根据应用内的社交关系使用基于内容的推荐算法和基于用户的推荐逻辑，这样不仅有助于用户即时获取目标栏目。也有利于平台产品推广。

（二）设置激励机制，督促用户学习

2017 年学习打卡类应用风靡，虽然自我管理是一种自身行为，然而对于现代年轻人的拖延症和惰性打卡机制也在一定程度上起到了监督作用，如朋友圈常见的坚持锻炼天数打卡、记单词打卡、阅读打卡等。多数知识付费平台订阅者或购买者用户会有三分钟热度，很难坚持到内容完结。因此平台设置一些奖励机制，如课程上线一定时间内坚持分享打卡奖励优惠券或者学习勋章等，既能有秩序地管理用户，又能吸引新的用户使用。

（三）建立内容评价标准，把关内容品质

对于付费内容和内容服务的提供者来说，自身的经验和相关专业知识背景是否权威，是能否给用户带来价值的基础保障。如知乎 IiVe 中，想建立一场 live 只需认证个人信息即可，门槛较低很难保证 live 主提供专业的精品内容，极易造成负面影响破坏用户学习体验。其次用户在做内容选择时，平台应该提供试听章节，无论用户购买是否都可以对试听内容进行打分，给予内容提供者用户反馈和其他用户课程选择参考意见。像是豆瓣时间直接取缔评论区功能，平台只能根据交易数据和用户使用时长来判断产品的满意度，很难做出其他的改进。

第三节　自媒体"同道大叔"的整合营销传播策略

随着互联网的快速发展，新型网络社交工具层出不穷，网络平台以极大的包容性和开放性，为自媒体的生长发育提供了广阔的土壤。2009 年新浪微博上线，引起社交平台自媒体风潮；2012 年微信公众号上线，自媒体向移动端发展；2012—2014年门户、视频、电商纷纷涉足自媒体领域，平台多元化；2015—2017 年直播、短视频等形式成为自媒体内容创业新热点，资本市场强势关注，自媒体行业高速发展。自媒体形式多元化、运营管理更加灵活的特性为很多自媒体人提供了更广阔的机会和平台进行内容生产和创作。自媒体人纷纷抓住移动互联网时代的经济热潮。如今，自媒体已经开始从纯粹的个人表达工具拓展到以个人品牌为核心的商业工具，自媒体在网络平台集聚人气，吸引庞大的粉丝群体，再通过对粉丝进行定向营销，将粉丝转化为购买力。

部分自媒体人抓住机遇，积极探索商业变现的有效模式，取得了巨额盈利，但还有大多数自媒体的发展良莠不齐，因内容同质化问题、自媒体追逐热点容易导致用户审美疲劳、平台红利开始衰退、商业模式简单等而陷入发展困境。本书以成功商业变现的"同道大叔"为例，通过剖析发展路径和整合营销传播策略，为自媒体的发展提供借鉴和参考。

一、"同道大叔"的发展路径

（一）"同道大叔"解析

"同道大叔"，微博知名星座博主，将自己定位为"一个人称少女之友的星座娱乐专家"。它将星座娱乐文化与趣味漫画相结合，以幽默诙谐的风格调侃和分析十二星座的性格特点和生活百态，聚焦情感，个性吐槽。吸引了大量自称"星座控"的青年粉丝，微博粉丝超过 1 400 万，微信公众号粉丝也超过 500 万。星座娱乐文化以社交媒介为载体风靡于世，"同道大叔"凭借#大叔吐槽星座#系列成功卡位，如今已成为星座的代名词。

2016 年 12 月 8 日，上市公司美盛控股以 2.175 亿元收购同道文化 72.5% 的股权，"同道大叔"蔡跃栋减持股份近 60%，套现约 1.78 亿元，创下了自媒体内容创业者商业变现的记录。"同道大叔"的商业变现为自媒体的发展提供了一个很好的范本。

（二）从 KOL 向 IP 升级

与具有人格魅力的个体依赖性比较强的 KoL 相比，IP 具有更加广阔的延展性和更长的生命周期。而且，优质 IP 更容易形成品牌效应，不论是在产品的开发还是知识产权的维护方面都可以起到很大的促进作用。所以，为了将"同道大叔"从 KOL 发展成生命力持久的星座 IP，"同道大叔"为自己和十二星座进行了虚拟 IP 形象设计。

"同道大叔"的形象是身穿灰色的开衫和黑色的短裤，圆圆的脸，嘴角向右上方斜起像是在坏笑，周围有一圈杂乱的胡渣，鼻子和眉毛用简单的线条一笔连在一起，头顶还有一撮火山状的黑发。提起"同道大叔"，许多人的脑海中都会第一时间浮现这个贱萌的形象。同时，"同道大叔"还有打造群体形象的计划。在日本设计师的参与下，"同道大叔"陆续推出了"Uncle's friends"——十二星座系列卡通形象。这些人格化的虚拟形象极大地提升了"同道大叔"在用户心中的星座符号辨别率。

（三）从 IP 向品牌进化

IP 资源是一座有待挖掘的金矿，将 IP 成功地商业变现需要依托具体的产品，而产品能够获得商业效益的关键则在于拥有良好的品牌效应。

"同道大叔"作为一个基于微博、微信平台的内容创业者，从诞生之初所具备的"网红"特质，使自媒体商业化变现成为可能。出于对产业的理解，"同道大叔"开始从 IP 向品牌进化。除了提供内容产品，还创立深圳市同道大叔文化传播有限公司；设计"Uncle's friends"即同道大叔和朋友们十二星座系列卡通形象；开发服装、家居、饰品等衍生品；出版《千万不要认识摩羯》等书籍；举办"同道大叔，潮爆星座嘉年华"；打造线下实体店"同道咖啡"……通过利用各类平台和渠道的营销传播提升知名度。"同道大叔"已成为围绕星座娱乐文化的、具有粉丝号召力的优质品牌，并将最终形成包括出版、展销、衍生品、影视、综艺、游戏等在内的泛娱乐产业链。

二、"同道大叔"的整合营销传播策略

（一）"同道大叔"的内容营销

"同道大叔"的内容营销主要是在微博、微信的自媒体平台提供优质的社交话题内容。作为内容创业者，"同道大叔"将星座娱乐文化与趣味漫画、短视频相互结合，以幽默诙谐的风格调侃和分析十二星座的性格特点和生活百态。蔡跃栋组建专业的编辑团队，从主题设定、粉丝互动、评论汇总、文案撰写、漫画与短视频呈现等方面，形成了一条职业化的内容制作流水线。

1. 内容定位与选题来源

优质的内容是自媒体存在的根基。与传统星座博主发布的星盘、运势等内容不同，"同道大叔"追求的是粉丝感兴趣的、能迅速在粉丝群体中产生良好效果的内容。所以，"同道大叔"的内容定位是以图文漫画为呈现形式、让粉丝有参与感的娱乐化内容。

"同道大叔"的内容创作已经建立了非常完善的题材挖掘机制，内容、形式和话题都要保证能调动受大众参与互动的热情。首先，团队会在全网搜索出参与度高、互动性强的话题和粉丝喜欢的标题，再将这个标题放在微博上传播，通过与粉丝互动，在评论中挑选有趣的观点来填充内容，再制作成图文漫画，最后发布到微博、微信平台。如发起投票"你觉得十二星座谁最矫情？"可根据投票结果直接排序，再根据粉丝评论阐述理由。

2. 呈现形式

1）微博

（1）九宫格漫画、单幅吐槽漫画、短微博、短视频。微博内容有九宫格漫画如"大叔吐槽星座系列"；单幅吐槽漫画；短微博如大叔道晚安；短视频如"××座的真正打开方式。"

（2）热门话题。创造话题是一种有效的传播策略，人们在接触星座娱乐文化时乐于与他人讨论并分享的特点，使星座娱乐文化具有高度的娱乐性与话题性。"同道

大叔"的热门话题"大叔吐槽星座"阅读量达到 121.8 亿，粉丝数达到 18.8 万，"同道大叔"的热门话题还有你"不了解的 12 星座"、"你好明星"等。粉丝可以通过转发和评论热门话题，扩大"同道大叔"的品牌传播范围。

（3）转发抽奖。保持粉丝持续的关注度和参与度在营销传播的过程中十分重要，掺杂在内容中的广告难免会使受大众感到厌烦，所以要通过一定的欲望刺激，留住粉丝。"同道大叔"经常在微博平台发起转发抽奖活动，送现金或衍生品小礼物。既可以提高粉丝的忠诚度，又可以吸引新粉丝。

（4）互动沟通。互联网时代信息饱和度过高，单方面一味地进行信息灌输不但不能产生理想的传播效果，反而会使受众产生排斥心理。所以，为了贴近粉丝，要频繁地与粉丝进行互动沟通。"同道大叔"经常会发起投票，评选星座之最，如"你觉得十二星座谁最坚定？"并在几日之后公布投票结果。"同道大叔"会经常向粉丝提问"你爱的人说过什么话让你觉得瞬间温暖"等问题，既可以与粉丝交流，又可以为内容创作积累素材，从而使品牌传播活动更具有活力。

2）微信

（1）条漫。微信内容以条漫为主进行单向传播，团队每天要提出 30 条创意，选取 10 条进行内容创作，最后筛选出最优质的 8 条进行推送。

（2）星座运势分析。周一至周六晚会以条漫的形式发布第二天十二星座的每日运势分析，分为综合、事业、爱情、财富四个方面。2017 年 12 月 5 日起，改为十二张图片 + 文字的形式推送。周日晚会以短视频的形式发布下周十二星座的每周运势分析，视频由"同道大叔"与"来画手绘"联合出品。2017 年 12 月 10 日起，改为十二张图片 + 文字的形式推送。

（3）星座买手。"同道大叔星座买手团"的前身是同道福利社，是同道大叔利用自身优势与合作方携手为粉丝打造的优选平台，以大叔的名义让商家提供最优惠的价格，精选来自全世界的走心好物，分享受女性消费者喜爱的产品。2017 年 8 月 17 日起，推送中的"同道福利"改为"星座买手"，每晚的最后一条推送都会安排一名小编，给读者提供各种好物。同道福利社到星座买手团的转变，使商业化的电商平台更加契合星座主题，更容易引起读者的共鸣从而刺激消费。

随着"同道大叔"这个微信公众号的日益成熟，"同道大叔"也在不断扩展微信公众号领域的版图，为十二星座定制专属公众号"走进 ××、这不仅更加契合不同星座受众的阅读需求，使产生个性化、定制化和差异化的体验，也让受众对品牌有更深的接触欲望。目前已开设"走进摩羯""走进天蝎""走进狮子""走进白羊"、走进天秤""走进金牛"六个星座的专属公众号,其他星座也正在筹备中,即将上线。

(二)"同道大叔"的商业营销

"同道大叔"的商业营销主要是自媒体内容创业者通过试水商业、在渠道以及经营等诸多方面探索模式以获得更大的利润。

1. 自媒体公司化

基于对产业经济和团队建设的理解,"同道大叔"蔡跃栋于 2015 年 4 月创立深圳市同道大叔文化传播有限公司。这是一个以星座为核心的泛娱乐文化平台,主要提供新媒体品牌服务,即自媒体签约 + 内容策划 + 广告投放。

同道文化旗下有四家控股子公司。同道创意——负责品牌管理,包括自有 IP 和采购 IP 的商业授权;道仔传媒——负责运营微信、微博等新媒体,包括文字漫画内容制作,同时也做营销方案和广告代理,以自媒体的影响力进行营销和传播;同道影业—负责同道影视端的业务,如拍大电影、网络剧,将 IP 影视化;同道制造—负责基于十二星座形象的衍生品设计、制造与销售,例如行李牌、毛绒玩具、钥匙扣等产品。

将自媒体账号公司化,既可以以一套标准的流程来保证内容产出的质量,又可以为扩大"同道大叔"的泛娱乐商业版图奠定一个良好的基础。

2. 衍生品开发设计

迪士尼堪称当今世界最成功的超级 IP0 在迪士尼乐园的营收比例中,门票收入只占一小部分,消费者对衍生品的购买创造了乐园 60% 的收益。对于内容创业者来说,在依靠流量变现遭遇瓶颈之际,衍生品开发之路具有很大的发展空间。所以,在资本的推动下,"同道大叔"开始释放衍生品开发与设计层面的商业潜力。

"同道大叔"与优秀生产厂家合作,推出"同道大叔"和十二星座系列卡通形象的周边产品,将情感关怀具体化。目前,同道制造已设计和研发 8 个大类、88 个小类,包括服装、配饰、文具等共计超过 1 200 个 SKU 的衍生品。

"同道大叔"的粉丝不再为一个毛绒公仔、一个钥匙扣自身的价值买单,而是更加关注商品带来的情感溢价。让"同道大叔"的产品渗透到消费者日常生活的方方面面,是强化品牌形象和传播品牌的有效手段。

3. 开设电商平台

基于淘宝的"同道大叔家"、基于天猫的"同道大叔旗舰店"和基于微信公众平台的"同道大叔星座买手团"均是"同道大叔"利用"电商平台＋社群"变现的尝试。

"同道大叔"在电商平台销售最萌的星座周边，店铺有萌物礼包、可爱毛绒、时尚挂饰、饰品配饰、办公用品等分类，产品销量始终呈上升趋势。

"同道大叔"依托在自媒体领域强大的号召力，可以轻松地将粉丝转化为电商平台的消费者。在品牌忠诚度的影响下。"同道大叔"在电商平台的传播取得了不错的成绩。

4.形象授权

"同道大叔"并不满足于在自媒体账号的简单曝光，开始通过形象授权，与其他品牌做星座产品的联合推广。其他品牌寻求与"同道大叔"进行商务合作，在利用自媒体自身具备的传播价值的同时，还可以与"同道大叔"整合行业资源携手发展商业价值。

如"同道大叔"与知名零食电商品牌"百草味"合作，推出独家定制版"星座贺岁"年味大礼包；与中国民生银行合作，推出同道大叔星座卡；与五芳斋合作，推出倾星物语月饼等。

"同道大叔"的优势就在于庞大粉丝群带来的社群经济价值，比起产品本身，消费者更注重购买产品后额外获得的满足感。而这种形象授权的推广方式，不仅让"同道大叔"和十二星座系列卡通形象被广大消费者和社会公众熟知，更使"同道大叔"这个品牌提高了知名度。

（三）"同道大叔"的社群营销

同道大叔之所以走红，原因之一就是拥有庞大的粉丝基础。粉丝群背后蕴含着不容小觑的社群经济价值，于是同道大叔将这些粉丝聚集起来，成立"同道大叔。十二星座联盟"。通过社群的运营增加用户黏性，从而培养品牌的忠实粉丝，同时还可以激活沉睡的粉丝，刺激粉丝的活跃度。

"同道大叔，十二星座联盟"粉丝社群的管理员是猴哥，添加管理员微信便有机会进入粉丝群。成为 VIP 粉丝，不仅有丰厚的红包和周边产品赠送，还能优先参加同道大叔见面会和其他大型活动。

1.线上粉丝福利

猴哥会在朋友圈不定时提供粉丝福利，有集赞活动，如"同道大叔帮你实现新年愿望"，即上传你 2018 年拍的第一张照片分享给你的好友来点赞，点赞前五十名获得奖品。还有发放同道大叔星座周边优惠券、扫码即领 ofo 小黄车月卡等福利。

2. 线下粉丝活动

线下粉丝活动有"十二星座巡回 Party"、各地"星座新王餐"免费狂吃、"同道粉丝见面会"等，猴哥会在朋友圈为活动进行粉丝招募。另外，同道大叔每月都会为粉丝举办星座定制生日会，如 2017 年 12 月 25 日在深圳南山区欢乐海岸椰林沙滩举办了"摩羯座·福尔摩斯之夜"。

（四）"同道大叔"的线上与线下闭合式营销

当今时代是"泛娱乐"的时代，即优质 IP 跨领域、多平台的形成融合性粉丝经济，最终通过提现实现盈利。

"同道大叔"在强化优质内容的同时，正在跨行业、跨产业地集结优质资源。以星座娱乐文化的原创能力为核心，开拓上下游业务，打造包括衍生品、网剧、电影等在内的泛娱乐生态产业链，让内容产品的盈利能力获得更广阔的发展空间。

1. 线上——网店、网络剧、大电影

"同道大叔"网店销售业绩持续上升；网络剧《超星星学园》在腾讯视频上线，已播放 14 亿次；大电影《同道大叔的 24 小时》也已筹备开拍。

2. 线下——话剧、图书、展会、咖啡馆

"星座话剧"《同道大叔吐槽十二星座》已在多个城市巡演；并大叔吐槽星座并系列漫画《千万不要认识摩羯》《有我在，没人敢动你一根寒毛！》和《你那么好看，为什么不去谈恋爱》已出版发售。

2016 年 7 月 8 日，以"同道大叔"星座 IP 形象为核心打造的线下展会一"同道大叔，潮爆星座嘉年华"在广州正佳广场开幕。展览包括"粉丝福利社""星座好奇屋""星座恶人谷""星座喜乐街""星座源生态"五个展区。此次展会吸引了大量粉丝前来参观，极高的参与度与不错的消费能力均体现了"同道大叔"的品牌号召力。一个月内，门票销量过万，衍生品的销售额也达到将近二百万元。

2016 年 9 月 6 日，"同道大叔"的第一家线下实体店——"同道咖啡"在上海正大广场试运营。这家实体店除了可以喝咖啡，还可以购买"同道大叔"的衍生品。粉丝在这里的消费体验可以形成一种自传播，由此可见，"同道咖啡"名为休闲场所，实质却是"同道大叔"品牌传播的另一个流量人口。

三、"同道大叔"发展启示

"同道大叔"从 KOL 到品牌的转型升级之路给我们的启示如下。

（1）寻找准确定位。要具体清晰地知道受众喜好，产品和服务的开发和运营要以消费者的需求为导向，占领心智才能获得长久的发展。

（2）创作优质内容。在这个内容为王的时代，内容创业者的首要任务还是进行内容创作，只有依靠可持续的、优质的内容生产能力才能吸引粉丝，从而打败竞争对手。

（3）发展粉丝经济。品牌的粉丝首先是由自媒体的粉丝转化而来的，之后再在营销传播活动中陆续吸引新粉丝。发展粉丝经济，不仅可以扩大用户流量，还可以为品牌的塑造奠定基础。

（4）开发衍生品，形成产业链。自媒体到品牌的发展趋势就是构建产业链。开发出版物、公仔、电影、游戏、主题乐园等衍生品，通过跨行业的全产业化服务来获取更多的盈利。

参考文献

[1] 苏静静，吴卫华.乡村振兴背景下数字文化产业的创新发展 [J].今古文创，2022(42)：79-81.

[2] 张碧云，陈虹，冯佳森.浙江乌镇民宿文化产业创新发展研究 [J].浙江工业大学学报 (社会科学版)，2022，21(03)：350-355.

[3] 李富彬.从彩灯文化产业的发展看民俗艺术传承创新之路 [J].艺海，2022(09)：92-96.

[4] 顾江.文化强国视域下数字文化产业发展战略创新 [J].上海交通大学学报 (哲学社会科学版)，2022，30(04)：12-22.

[5] 迪拉娃尔·吐尼亚孜.互联网与文化产业发展的融合与创新 [J].互联网周刊，2022(15)：30-32.

[6] 周恒宇.新媒体背景下文化产业创新发展探究 [J].文化产业，2022(20)：19-21.

[7] 周锦.社交网络应用下数字文化产业创新发展的机制研究 [J].理论月刊，2022(07)：68-74.

[8] 郝思琪.5G 时代自媒体文化产业创新发展的策略研究 [J].文化创新比较研究，2022，6(18)：97-100.

[9] 洪莹，陈盈盈.新媒体视域下文化产业创新发展分析 [J].文化产业，2022(17)：16-18.

[10] 洪莹，陈盈盈.互联网时代文化产业发展的转变与创新 [J].攀枝花学院学报，2022，39(03)：77-83.

[11] 张鲜艳，王振宇.科技创新赋能数字文化产业高质量发展路径探析 [J].科技风，2022(11)：14-16.

[12] 刘鑫.新媒体背景下文化产业创新发展研究 [J].产业创新研究，2021(24)：166-168.

[13] 魏典.新媒体视域下朝阳市红山文创开发与传播研究 [D].哈尔滨:黑龙江大学，2021.

[14] 姬洪强 . 新媒体背景下文化产业创新发展研究 [J]. 新闻研究导刊，2020，11(20)：16-17.

[15] 魏惠兰 . 集群视域下艺术产业价值链的演化路径研究 [D]. 武汉：武汉理工大学，2020.

[16] 高原 . 嬗变与创新——新媒体视域下中国网络动漫产业发展的新态势研究 [J]. 美术大观，2019(10)：134-135.

[17] 廖晨 . 区域经济视域下重庆文化产业竞争力探析 [D]. 重庆：重庆工商大学，2019.

[18] 唐婷婷 ."互联网 +"视域下博物馆文化的融合传播策略及效果研究 [D]. 成都：成都理工大学，2019.

[19] 郝挺雷 . 科技创新视域下我国文化产业竞争力研究 [D]. 武汉：华中师范大学，2017.

[20] 江金英 . 新媒体视域下我国文化产业建设策略 [J]. 科学咨询 (科技·管理，2017(03)：1.